불편한 사람과 뻔뻔하게 대화하는 법

설득할 필요도 없고 설득할 수도 없다

불편한 사람과
뻔뻔하게
대화하는 법

진 마티넷 지음 | 김은영 옮김

필름

불화와 단절의 시대에 우리는 다른 사람들과 관계를 맺기 위해 매우 기본적인 것조차 고군분투하고 있다. 이 책을 통해 진 마티넷은 지뢰투성이인 어렵기만 한 사회적 모임을 어떻게 하면 기술적으로, 우아하게 그리고 재치 있게 헤쳐 나갈 수 있는지 그 방법에 대해 독자들에게 현명하게 조언한다. 이 책에 소개된 전략과 조언은 시기적절하고 합당하며 실행에 옮길 수 있는 것들이다. 이 책은 내가 아는 모든 이들에게 선물하고 싶은 성인용 지침서이다.

- 칼라 나움버그^{Carla Naumburg} 박사,
『How to Stop Losing Your Sh*t with Your Kids』의 저자

이 책에서 진 마티넷은 점점 늘어만 가는 무례함, 편협함, 노골적인 증오심에 강력한 해독제를 제공한다. 통찰력이 돋보이는 이 책은 명쾌하고 설득력이 있으며 무엇보다 시기적으로 적절하다.

- 매기 잭슨^{Maggie Jackson}, 『Distracted』의 저자

시기적절하고 유용한 책이다. 마티넷은 양극화 시대의 사회적 비용을 멋지게 폭로하고 있으며 우리가 서로의 차이를 극복하지는 못하더라도 적어도 서로를 더 잘 이해하는 데 도움이 될 만한 여러 현명한 조언을 제공한다. 예의를 갖춘다고 해서 다 해결되는 것은 아니지만 마티넷이 보여주듯 예의를 갖추는 것은 대화가 보다 생산적인 담론으로 나아가는 데, 그리고 벼랑 끝에서 한 발짝 물러서는 데 반드시 필요한 단계이다.

- 울리히 보저Ulrich Boser, 『The Leap』의 저자

진 마티넷은 오늘날 증가 일로에 있는 양극화 시대에서 살아남는 데 반드시 필요한 지침을 제공한다. 마티넷은 일상의 사회적 상황을 예로 들며 분열을 초래하는 주제를 다루고 심지어 무장해제를 시키는 데 도움이 될 만한 현명하고 실질적인 방법을 개략적으로 설명한다. 재미있는 대화체를 통해 싸움에 지친 사람들도 즐겁고 쉽게 읽을 수 있도록 했으며 둘 사이에 놓인 통로를 가로질러 서로가 보다 의미 있게 이어지기를 원한다.

- 아나타샤, S. 킴Anatasia S. Kim 박사,
『It's Time to Talk(and Listen)』의 저자

들어가며

위험한 상황은 미처 깨닫기 전에 발생한다.

일과 관련해 큰 모임에 참석했다고 해 보자. 일단 모든 것이 순조롭게 흘러가고 있었고, 몇몇 사람들과 즐거운 대화도 나누었다. 그 가운데 두 사람은 내가 하는 일에 실제적인 도움을 줄 수도 있는 사람이었다. 심지어 같은 사무실인데도 모르고 지낸 사람을 만나 친구가 되었고, 그 사람과 다음 주에 점심 약속까지 잡았다. 와인을 두 잔 마신 데다가 기분이 좋았고 심지어 신발 때문에 발도 아프지 않았다. 나는 손님 세 사람과 서 있었고, 그중 한 명은 미래의 고객이 될 사람이었다. 내가 모임에서 즐겨 하는 농담을 하자 그들이 큰 소리로 웃었다. 나는 흡족해하며 속으로 생각했다. '큰 모임이 부담스럽다고 누가 그러던가?' 바로 그때 일이 벌어졌다.

맞은편에 서 있던 한 여자가 말했다. "이탈리안 음식 얘기가 나와서 말인데요. 제가 이곳으로 오다가 공원을 지나쳤는데, 그때 제가 본 것이 콜럼버스 동상 맞나요?"

"글쎄요." 아직도 내가 던진 성공적인 농담에 내심 흡족해하며 대답했다.

그곳에 있던 다른 의사가 큰 소리로 말했다. "아, 맞아요. 콜럼버스예요. 19세기 이탈리아 조각가 작품이죠. 최근에 진보매체에서 이 문제를 놓고 말들이 많은데 제가 보기엔 참 어처구니가 없어요."

그러자 모든 사람이 얼어붙었다. 마치 누군가가 총을 꺼내든 것 같았다. 서로가 서로에게 알 수 없는 시선을 보냈다. '맙소사.'

"왜요? 그게 왜 어처구니없다고 생각하죠?" 맞은편에 있던 여자가 발끈하며 물었다. "콜럼버스는 그가 마주친 모든 원주민들을 노예로 삼았어요. 절대 찬양해서는 안 되는 인물이라고요."

그러자 내 옆에 있던, 미래의 고객이 될 남자가 끼어들었다. "콜럼버스는 그렇다 쳐요. 적어도 그건 15세기에 일어난 일이니까요. 그보다 남부 지역 전역에 걸쳐 세워진 노예주인을 기리는 동상들은 어떻고요?" 그가 느닷없이 쏘아붙였다. 내 예상은 틀렸다.

모두가 금방이라도 하늘 높이 폭발해버릴 것 같은 일촉즉발 시대에 온 걸 환영한다. 요즘 같은 시대에는 안전한 주제가 없다. 날씨 이야기는 기후변화로 이어지고, 스포츠 이야기는 프로 미식축구 선수들의 무릎시위로 이어진다. 건강상태를 묻는 일은 쉽게 의료분쟁으로 넘어 가고 딸이 댄스파티에 입고 갈 옷에 관한 이야기는 미투운동에 대한 논쟁이 될 수 있다. 초콜릿 케이크에 관한 이야기처럼 아무런 의도 없는 순수한 잡담조차도 나쁜 방향으로 흘러갈 수 있다. 심지어 누군가의 자녀나 손자에 대해 말하는 것조차 완전히 안전하지가 않다. 그저 몇 분 안에 논란이 일고 있는 백신접종 거부운동이나 공교육 시스템에 대한 예상치 못한 논쟁에 휘말릴 수 있다.

우리는 모두 쟁점이 될 만한 사안을 가지고 있다. 화를 내는 것과는 별도로 방아쇠를 당기게 만드는 한두 개 정도의 단어가 늘 있는 듯하다. 물론 요즘은 많은 사람들이 세계 문제에 대해 더 많은 관심을 가지기 시작한 때인 데다 특히나 위태로운 상황이다 보니 이러한 현상은 당연하다고 할수 있다. '버튼' 위에 손가락을 얹은 강력한 세계 지도자의 잘 알려진 이미지도 무섭지만, 그보다 요즘은 우리 모두가 버튼 위에 손가락을 얹고 있는 실정이다. 20년 전만 해도 이렇게 늘 살얼음판 위를 걷진 않았다. 하지만 요즘은 조금이라도 발을 잘못 들이면 서로에게 소리치거나 어색한 침묵에 빠져들기 일쑤다. 불붙기 쉬운 주제는 언제나 있었다. 하지만 지금은 거의 모든 주제에 불이 붙는 것 같다.

남북전쟁 이후보다 나라가 정치적으로 더 양극화되고 있다는 사실은 누구나 다 알고 있다. 분열은 많은 사교모임을 자연스레 잠재적 전쟁터로 만든다. 사교모임에는 언제나 정치적 의견충돌이 있어 왔다. 그렇지 않았다면 저녁 식탁에서 정치나 종교 이야기를 절대 꺼내지 말라는 오래된 격언은 존재하지 않았을 것이다. 하지만 지금 우리는 종전에 비해 점점 격렬해지는 새로운 이념적 양극화를 경험하고 있으며, 사실상 정치 이야기를 피할 수 없게 되었다. 왜 이러한 현상이 발생하는지를 놓고 의견들이 분분하지만 한편으론 우리가 하루 24시간 뉴스에 시달리기 때문이라고 생각한다. 또한 모두가 같은 뉴스를 듣는 게 아닐뿐더러 대다수가 주로 자신의 기존 신념체계에 부합하는 맞춤화된 정보에 노출되기 때문이라고 생각한다.

이제 회색은 없고 흑과 백만 남았다. 우리 편이 아니면 모두 적이다. 현재 진행되는 해시태그 운동이 무엇이든, 요즘 정서가 무엇이든, 우리는 찬성 아니면 반대 입장을 취한다. 공격이 대화를 대체하고 있다. 이제 우리는 해트필드와 맥코이 가문*처럼 철천지원수가 되었다.

긴장감과 두려움이 보수와 진보 사이에 사회적 충돌을 부채질하고 있다. 같은 진영 내에서도 이렇게까지 의견이 엇갈린 적은 없었던 것 같다. 요즘은 대화가 언제 불편한 방향으로 흘러갈지 도무지 종잡을 수가 없다. 그뿐만 아니라 특정 이슈에 대해 상대방이 취하고 있는 입장에 대해서도 잘못된 판단을 내리기 쉽다. 같은 국회의원 후보에 투표했을지도 모르는 두 이웃이 토지이용규제법과 교통법규, 학교정책과 퇴비화처리 문제를 놓고 논쟁을 벌이기도 한다. 낙태와 종교, 동물의 권리와 같은 주제들은 당파를 초월한다. 또한 나이 든 사람들이 생각 없이 사용하는 용어에 젊은 세대들이 매우 불쾌해 하는 경우도 많다.

그 점에 있어 대화의 문제점은 정치에만 국한된 것이 아니다. 한편으론 사회가 정보를 흡수하고 반응하는 방식을 소셜 미디어가 바꿔놓았기 때문에 이제 우리는 아무리 사소한 것이라도 사사건건 지나치게 확신을 하게 돼버렸다. 장난삼아 하던 논쟁거리가 이제는 개인의 신념을 지키기 위한 자극제가 되었다. 사람들은 칠면조를 어떻게 요리해야 제대

---

* 해트필드와 맥코이 가문(the Hatfields and the McCoys)의 뿌리 깊은 원한을 다룬 영화에서 비롯된 표현으로 원수 같은 관계를 가리키는 관용적 표현이다.

로 요리하는 것인지, 〈스타워즈〉와 〈스타트렉〉 중에 어느 것
이 더 도덕적인지, 자전거를 타는 사람들에게 면허증이 필
요한지 아닌지, 마티니를 진으로 만들어야 하는지 보드카
로 만들어야 하는지(진으로 만드는 거예요, 여러분!)를 놓고
심각한 논쟁을 벌인다. 한번은 두 사람이 삼성이냐 애플이
냐를 놓고 논쟁을 벌이는 것을 들었는데, 그중 한 사람은 아
이폰 없는 사람과는 절대 만나지 않을 거라고 맹세까지 했
다. 우리는 모두 자신만의 작은 세계관 속에 살고 있으며 자
신의 세계관이 옳다는 확신을 손에 쥔 장치를 통해, 다시 말
해 확신을 주도록 미리 프로그램해 둔 장치를 통해 끊임없
이 확인한다. 인터넷은 종종 마음을 알리기보다 자존심을
건드리고 감정을 자극한다. 불행하게도 인터넷은 예의범절
에까지 영향을 끼쳤다.

예의가 사회적 관계에서 사라지고 있다. 페이스북과 트
위터에 점점 늘어나는 미사여구들은—사실 대부분의 소셜
미디어 사이트에서 글을 쓸 때 일반적인 현상이다—우리의 신
념이 점점 분열되고 있음을 보여줄 뿐만 아니라 예의와 연민
이 사라지고 있음을 보여준다. 끊임없는 논쟁을 통해 실제
로 대화할 수 있는 능력과 심지어 대화를 나누고 싶다는 마
음까지 잃어가고 있다. 솔직히 일촉즉발 시대에 가장 안타
까운 손실은 바로 함께 어울려 사는 삶이다. 오랜 세월 지켜

온 대화의 기술이 사라질 위기에 처해 있으며, 지금 우리는 사회적 관계를 번번이 망가트리고 있다.

수년간 이 분야에 관해 글을 쓰면서 대다수의 미국인들이 처음 만난 사람과 대화를 나누는 일에 대해 이미 남몰래 '어울림 공포증'을 앓고 있다는 사실을 알게 되었다. 많은 사람들이 낯을 가리다 보니 처음 만나는 사람들은 모두 다 잠재적 '적'으로 보인다. 요즘엔 사람들과 어울리는 일이 완전히 새로운 차원의 불안증이 되었다. 긴장되고 방어적인 분위기 때문에 사람들은 모임에 참석하기를 몹시 두려워한다. 모임에 참석해서도 말실수를 할까 봐 전전긍긍한다. 우리는 "샐리, 안녕. 어떻게 지냈어?"와 "뭐라고?! 진심이야??? 어떻게 그걸 믿을 수가 있어!???" 사이에 존재하는 미묘한 차이를 너무도 잘 알고 있다. 하지만 중요한 것은 그저 갈등을 피하기 위해 얼굴을 맞대고 나누는 대화를 멀리해서는 안 된다는 것이다. (한 가지 이유를 들자면 기름진 머리와 화면을 오래 봐서 충혈된 눈을 가진 은둔자가 되고 말 테니까 말이다.)

'적'과 어울리는 법을 배운다는 것은 우리를 두렵게 하거나 화나게 하는 사람들과 대화하는 법을 찾는 것이다. 상대방에 대한 추측과 심지어 편견에 대해 깨닫는 것이다. 반발심에서 벗어나 기꺼이 대화에 참여해 상대방이 어디로 가는지 살피는 것이다. 더 많이 듣는 법을 배우는 것이다. 나는 논쟁의 순간에 우리 자신을 더 잘 통제할 수 있을 거라고 생각하지 않는다. 우리는 지금껏 토론을 화나고 우울한 것이라기보다 흥미롭고 짜릿한 말다툼으로 여겨 왔고, 선동하는 말들을 비교적 쉽게 지나치는 법을 알고 있었다. 30년 전이었다면 콜럼버스를 동상으로 세워 기념해야 하는가에 대해 독설을 하거나 긴장감 넘치는 침묵으로 끝내지 않고 틀림없이 열띤 토론을 했을 것이다. 하지만 요즘의 우리는 마치 전쟁의 상흔을 입고 다음 공격을 대비해 경계태세를 취하고 있는 병사와 같다. 물론 알려지지 않은 영역일수록 두려움은 더 커지기 마련이다.

분명 추수감사절 저녁 식사는 많은 사람들에게 체할 것같은 끔찍한 자리가 돼버렸다. 그나마 가족만찬의 경우는 대부분 서로의 입장을 아는 편이다. 이에 반해 회식, 사업상 모임과 무역박람회, 술집과 식당, 결혼식장, 주민모임, 동창회, 학부모모임, 심지어 진료 등 수많은 모임과 행사의 경우는 다른 사람들의 신념과 입장을 다 알 수가 없다. 방심하다가 허를 찔릴 수 있기 때문에 오히려 이런 곳이 가장 위험하다고 할 수 있다.

아무리 좋은 상황이라 하더라도 우리 중 90%가 처음보는 사람들로 가득한 방에 들어가기를 두려워한다. 아니, 요즘은 같은 편이 아니면 아예 모임에 가는 것 자체를 꺼리는 것 같다. 이해관계가 같은 사람들끼리만 모이려고 하는 경향이 사회 건강에 영향을 미치고 있으며, 이는 궁극적으로 사회에 해롭다. 우리는 거꾸로 가고 있다. 밖으로 나아가기보다 안으로 후퇴하고 있다. 사회화가 제대로 이루어지려면 새로운 사람을 만나고 새로운 관계를 형성하며 사고를 확장하고 다양한 의견을 듣고 새로운 정보를 얻고 많이 웃어야 한다. 세상이 위기에 처한 때일수록 즐거운 대화와 만남이 더더욱 필요하다. 다시 말해, 어울림의 기술을 지속적으로 연마해야 한다.

그럼, 어떻게 해야 할까? 스스로 준비하고 훈련해야 한다. 사회화에 능숙해지는 동시에 덜 방어적인 자세를 가져야 한다. 서로를 거슬리게 하는 것이 무엇인지 더 많은 관심을 가져야 한다. 마음을 터놓고 그동안 익숙했던 맹렬한 비난은 버려야 한다. 가장 값지고 즐거운 대화는 선입견 없이 자유롭게 흘러가도록 두는 대화이다. 따라서 눈앞의 사람들과 대립하지 않으면서 마음속 이야기를 나눌 수 있는, 창의력을 발휘할 수 있는 방법을 찾아야 한다.

믿을지 모르겠지만, 대화의 가장 어려운 장애물을 뛰어넘는 데 도움이 될 만한 배우기 쉬운 전략과 기술들이 있다. 직접 수백 명의 사람들을 인터뷰하고 사회학, 심리학, 예의범절, 유머 분야의 저명한 전문가들에게 문의한 결과를 종합해 우리가 '적'이라고 여기는 사람들과 잘 어울릴 수 있는 방법을 이 가이드북에 실었다. 탈선된 대화를 다시 선로에 올려놓기 위한 효과적인 책략은—심지어 간단하기까지 한— 무수히 많다. 게다가 적대적인 대화로 즐거운 시간을 망치지 않는 기술도 배울 수 있다. (완전히 상반된 견해를 가진 사람과 대화를 길게 이어가라고는 절대 권하지는 않는다.) 이 책은 마음을 여는 법, 자신의 방아쇠가 무엇인지 아는 법, 최고의 화제를 선정하는 법, 상대방에게 광적인 면이 있는지 확인하는 법, 능동적인 청취자가 되는 법, 패배하지 않고 양보하는 법, 긴장감을 덜어줄 유머와 입담을 구사하는 법, 필요할 때 속내를 숨기는 법, 화제를 현명하게 바꾸는 법, 공통의 관심사를 찾는 법, 우아하게 자리를 뜨는 법을 비롯해 여러 효과적인 방법을 알려줄 것이다. 올바른 방법으로 제대로 무장한다면 대화의 움푹 팬 구멍이나 함정을 두려워할 필요가 없다. 우리에게 닥칠 그 어떤 것도 감당할 수 있을 것이다.

'테크닉? 기술? 다 헛소리야. 모든 사람들이 있는 그대로 솔직하게 말한다면 모두가 훨씬 더 잘 살 수 있을걸. 솔직한 마음을 억누르고 숨기는 것이야말로 우리 시대의 문제점이야.' 몇몇 사람들의 생각이 들린다. 글쎄, 그보다 훨씬 더 복잡하다는 것을 깨닫기 위해서 우리가 할 수 있는 일이라곤 역사적으로 외교술에 능한 것으로 잘 알려진 사람들의 이야기를 읽어보는 것뿐이다. 적과 싸우려면 먼저 상호 존중을 바탕으로 관계가 성립되어야 한다. 그것 말고도 한 가지 더 있다. 어쩌면 여러분의 말이 맞을지도 모른다. 여러분의 생각처럼 모임에 온 손님들의 신념이 인류애의 멸망에 기여하고 있는지도 모른다. 그렇다면 이제 어떻게 해야 할까? 친구의 졸업축하 모임에 온 사람들에게 우리가 생각하는 대로 솔직하게 말하면 상황이 정말 나아질까?

사실 마음이 맞는 사람들, 가치관이 같은 사람들과 어울릴 때조차도 '모임에 모인 사람들과 잘 어울리려면', 비록 인위적이더라도, 약간의 수완이 필요하다. 우리는 사람들로 가득한 모임 장소를 돌아다니며 매 순간 온전히 진실만을 말하지는 않는다. 사회구조는 적당한 속임수들이 복잡하게 얽히고설켜 있다. 가령, 지루해 보이는 사람에게 "정말 당신과 대화하고 싶지 않군요."라고 말하진 않는다. 그보다 "모임을 주최하신 분이 저를 부르네요." 혹은 "대화 즐거웠어요. 저는 화장실 좀 다녀올게요."라고 말할 것이다. 사교성이 뛰어난 사람들이 있는 것은 사실이지만 그런 요령을 배우려면 대부분 연습이 필요하다.

하지만 안심해도 된다. 모임에 나가 불편한 상대와 어울리기 위해 내가 말하는 방법을 사용하라고 해서 여러분이 일상의 삶에서 온 마음을 다해 진심으로 믿고 있는 것을 버리라거나 글을 쓰지 말라거나 지지하지 말라는 것이 아니다. 난처한 사회적 상황에 처했을 때 책략을 사용한다고 해서 여러분이 가진 이상을 포기하라거나 신념을 굽히라는 것이 아니다. 큰 모임에서 사람들과 어울리는 것은 어쩌면 낯선 지역을 여행하는 일과 같다. 여행을 할 때에는 예기치 못한 일을 맞닥뜨릴 준비가 되어 있어야 하고, 때로는 현지인들이 생소하거나 심지어 혐오스럽기까지 한 생각과 의견을 가지고 있다는 것도 알아야 한다. 사람과 관계를 맺을 때에는 인류학자들의 의견을 어느 정도 수용해야 하며, 생각보다 서로에게 공통점이 많다는 사실을 기억해야 한다. 가령, 밴조음악을 좋아하는 것처럼 적어도 하나 정도는 공통점이 있을 수 있다. 우리가 상대방을 존중하는 마음으로 대할 때 가끔씩 상대방의 마음이 바뀌기도 한다. 적어도 마음에 틈이 생긴다. (알고 보니 상대방이 우리와 같은 마음이더라도 놀라지 말길 바란다.)

물론 모임에 온 사람들 중에는 어떤 문제든 싸우려 들지 않고 자제력을 잃지 않으려는 사람들도 많다. 그들은 '위험한' 주제를 피하거나 열띤 논쟁을 하더라도 예의를 갖춰 하기를 좋아한다. 하지만 요즘같이 변덕스러운 시기에는 미처 준비하지 못했거나 대응하고 싶지 않은 일을 언제 어디서 갑자기 마주치게 될지 모르는 일이다. 하지만 불편한 상대와 어울리는 기술을 터득한다면 공황상태에 빠질 일이 훨씬 줄어들 것이다. 꽁무니를 빼고 달아날 필요도, 우리 삶에 가치를 높여줄 누군가를 만날 기회를 놓치는 일도 없을 것이다. 적어도 저녁 시간을 뜻깊게 해줄 대화를 놓치게 될 위험은 없을 것이다.

불편한 상대와 어울리는 법을 배우려면 기억해야 할 기본 원칙이 있다. 어떤 상황이든 주요 목적은 사람과 관계를 맺는 것이지, 정답을 찾는 것이 아니라는 것이다. 사업상 모임이든 이웃사람들과의 모임이든, 그 모임이 사랑하는 관계든 친구사이든 아니면 승진을 목적으로 하든, 일차 목적은 사람과 교류하고 그 교류를 통해 배워나가는 데 있어야 한다. 대화는 우리 삶의 가장 큰 기쁨이다. 사람을 만나고 관계를 이어가면 갈수록 더 행복해지기 마련이다. 다시 말해, 사람과 어울리면 어울릴수록 우리의 삶은 더 나아질 것이다. 용기를 내어 적으로 보이는 사람들과 어울리는 일은 진정 두려움을 직면하는 일이다. 그리고 그것은 진정한 승리를 거두는 일이다.

먼저 모임 장소에 들어갈 때 우리가 만나게 될 사람들 가운데 진짜 '적'은 없다고 스스로 되뇌어보자. 사람들은 대부분 복잡하며 다면적이다. 상대방의 성격 가운데 한 가지

측면이 우리를 화나게 하지만 다른 측면이 우리를 매료시킬 수도 있다. 사회라는 영역에서는 싸우기 전에 먼저 탐험을 해야 한다. 옛말에 이런 말이 있다. "당신이 아직 만나지 않은 사람은 당신이 모르는 친구다." 이 말이 지나치게 낙천적으로 들린다는 것을 안다. 하지만 서로 잘 지낼 수 없다는 사실은 인간의 상태를 그대로 반영하는 것이다. 아무도 나를 이해하지 못할 거라고 혹은 나는 그들을 결코 이해할 수 없을 거라고, 심지어 시도해볼 가치조차 없다고 생각하며 자기 안에 갇히는 것이다. 시도는 가치 있는 일이다. 그러니 용기를 내어 앞으로 나아가 보자. 그러다가 어울림의 전쟁터에서 적을 만나게 되었을 때 이 책이 기대 이상의 성공을 거두는 데 필요한 모든 장비를 제공할 수 있기를 바라본다.

준비됐는가? 자, 전쟁터로 출발!

Contents

일러두기

원서에는 없지만 설명이 필요하다고 판단한 부분에 '옮긴이 주'를 달아
각주로 처리했다.

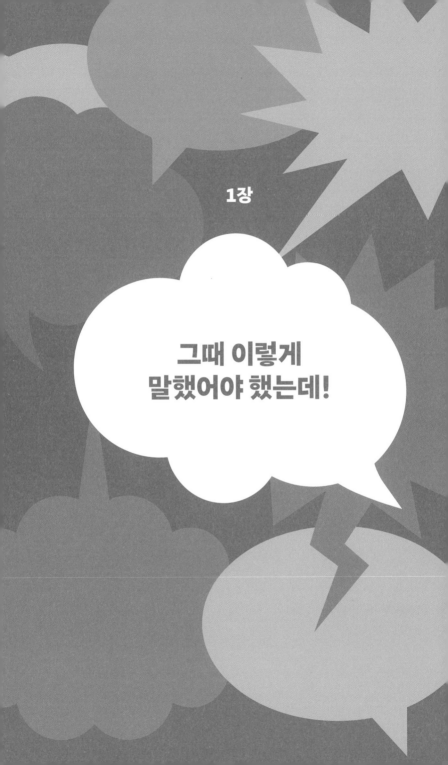

1장

그때 이렇게
말했어야 했는데!

준비를 하지 않는 것은 실패를 준비하는 것이다.

– 벤저민 프랭클린

자, 부딪칠 것 같은 사람과 얼굴을 맞대고 대화를 하려면 어떤 준비를 해야 할까? 이 같은 사회적 모험을 앞뒀을 때 두려움을 떨쳐내고 마음가짐을 제대로 하려면 어떻게 해야 할까?

무엇보다 모임에 참석하는 것을 좋아해야 한다. 왜 굳이 가야 하냐고, 왜 그런 고생을 해야 하냐고 물을지도 모른다. 어쩌면 모임에 가서 평정심을 잃느니 가지 않는 게 나을지도 모른다. 안 그런가?

그렇지 않다. 가능하다면 언제든 모임에 참석해야 한다. 우리가 어떤 생각을 하건 그곳에 누가 올지 모르는 법이다. 멋진 대화를 나눌 수 있거나 도움이 될 만한 사업적 관계를 맺게 될 사람이 적어도 한 명쯤 있을 수 있는 일이다. 그뿐이 아니다. 만나게 될 사람들에 대해 우리가 가졌던 생각이 틀릴 수도 있다. 우리는 편가르기식 사고방식으로 인해 내 편이 아니면 모두 적이라는 생각이 틀렸다는 사실을 간과한다. 만약 그 모임이 업무의 일부라면 어쩔 수 없이 불편한 상대와 어울려야 한다. 하지만 업무 관련 모임이 아니라 할지라도 민감한 주제에 대해 이야기를 나눠야 한다면, 어떠한 경우든 평정심을 잃어서는 안 된다.

불편한 상대와 대화를 하게 되든 아니든 언제나 탐색하고 경험하고 관계를 맺어보겠다는 열린 마음으로 모든 관계의 시나리오를 생각해 두는 것이 최선의 방책이다. 물론 인생관과 성향이 정반대인 사람들과 어울려야 한다면 유독 불안할 수밖에 없다. 하지만 마음의 준비가 되어 있다면 한결 나을 것이다. 한 가지 방법은 약간의 마음챙김* 기술을 이용해 미리 마음의 중심을 잡아 두는 것이다. 그리고 또 하나, 쓸데없는 생각은 떨쳐버리고 가장 핵심적인 문제를 인지하는 것이다.

첫 번째 단계는 소셜 미디어가 지닌 영향력을 이해해야 한다.

불편한 상대와 어울릴 준비를 하는데 하등 도움이 되지

---

* 마음챙김(mindfulness)은 주의를 집중하는 명상법의 일종이다.

않는 것 가운데 한 가지가 바로 소셜 미디어에 많은 시간을 보내는 일이다. 고백하건대, 2005년인가 2006년 즈음 '소셜 미디어'라는 말을 처음 들었을 때 나는 무척이나 당황스러웠다. 모순적인 말 같았기 때문이다. 내게 '소셜'이라는 단어는 컴퓨터 앞에 혼자 앉아있는 것이 아니라 실제 생활에서처럼 여러 사람들을 만나고 함께 있는 것을 의미한다. 단언컨대 나는 러다이트**가 아니다. 여느 사람들처럼 스마트폰에 중독된 사람이다. 하지만 인터넷 때문에 우리가 서로 얼굴을 마주 볼 시간이 줄어든 것은 사실이다.

최근 서던캘리포니아대학교^USC 애넌버그센터에서 실시한 연구에 따르면 보통의 미국인들은 일주일에 24시간을 온라인에서 보낸다고 한다. 이뿐만 아니라 소셜 미디어가 사회적·정서적 건강에 해로우며 최근 두드러진 갈등의 원인이라고 시사하는 많은 연구들이 있다. 2017년 「하버드 비즈니스 리뷰」에 실린 한 연구는 페이스북의 사용 증가와 전반적인 행복, 특히 정신 건강 사이에 부정적인 연관성이 있다고 보고했다. 또한 최근 스탠포드대학교와 뉴욕대학교가 실시한 연구는 페이스북을 정기적으로 이용하는 사람들이 페이

●● 러다이트(Luddite)는 19세기 산업혁명이 초래할 실업에 반대한 노동자들의 기계파괴운동을 일컫는 말로 산업화, 자동화, 컴퓨터화 등 신기술에 반대하는 사람을 의미한다.

스북을 전혀 이용하지 않는 사람들(연구원들은 페이스북을 이용을 막기 위해 돈을 지불해야 했다)에 비해 더 양극화되어 있다고 밝혔다.

페이스북과 트위터와 같은 사이트가 어떻게 사회 양극화를 초래했는지는 쉽게 알 수 있다. 이 사이트들은 두려움이나 분노와 같이 우리가 가진 부정적인 감정들을 쉽게 고조시키기 때문이다. 우리는 늘 논쟁을 해 왔다. 하지만 대부분의 소셜 미디어들은 우리의 가장 기본적인 본능을 건드리고 부추기는 경향이 있다. 소셜 미디어상에서 의미 있는 대화를 시도하는 일은—성향이 맞지 않는 사람이라면 더더욱—허리케인이 몰아치는데 모래성을 쌓으려 애쓰는 것이나 다름없다.

그렇다고 소셜 미디어가 가치 없다고 말하려는 것은 아니다. 소셜 미디어 덕분에 일을 계획하고 전 세계 소식을 바로바로 접하고 그 밖에 수많은 정보를 얻을 수 있다. 하지만 소셜 미디어를 통해 우리가 서로 밀접하게 연관되어 있다고 착각하는 것이야말로 정말 위험한 일이다. 우리는 제공되는 숫자를 보며 인터넷이 없었다면 가능하지 않았을 폭넓은 인간관계를 맺고 있다고 생각한다. 하지만 정확히 어떤 관계를 맺고 있는 것일까?

나는 사회적 건강에 해를 끼치는 소셜 미디어에 다섯 가지 기본적인 특징이 있다고 생각한다. 첫째는 감정의 익명성, 다시 말해 표정이 없다는 것이다. 디지털 세계에서 우리가 보는 게시물이 실제 사람과 연결되어 있다고 생각하기란 어려운 일이다. 대개는 상대방을 기계적 존재로 인식하기 마련이다. 소셜 미디어가 지닌 이 같은 '원격'적 특성은 사람의 정체성을 이리저리 떠돌게 만든다. 기사나 게시물의 댓글에 달리는 사람들의 비명소리는 종종 실생활이라면 결코 일어날 수 없는 정도까지 내려간다. 한편으론 얼굴을 맞대고 나누는 실생활 대화의 상당 부분이 비언어적이기 때문이기도 하고, 또 한편으론 우리의 말이 상대방에게 어떤 영향을 미치는지 직접 확인할 수 없기 때문이기도 하다.

둘째는 인터넷의 신속성이다. 대중매체가 즉각적인 반응을 요구하다 보니 우리는 흔히 감정적 반응을 있는 그대로 드러내고 만다. 대다수가 자신이 말하는 내용에 대해 생각하거나 수정하기 위해 시간을 들이지 않는다. 밀레니얼세대와 Z세대들은 술에 취해 전화를 거는 일이 어떤 것인지모를지도 모른다. 하지만 인터넷의 신속성은 이보다 백만 배더 나쁘다고 할 수 있다. 술에 취해 전화를 걸면 한 사람에게만 창피를 당하고 말 일이지, 영원히 기록에 남아 모든 사람들이 두고두고 볼 수 있는 일은 아니었다.

셋째는 콘텐츠의 양이 절대적이라는 것이다. 의견, 비방,

농담, 발췌, 링크를 통해 우리가 맞닥뜨리는 어마어마한 양의 상처 주는 말들은 우리의 사회적 감성을 마비시켜버린다. 우리는 그 양에 압도당할 뿐 아니라 정신을 차리지 못한다. 만약 페이스북과 트위터, 인스타그램에 계속 접속해 있지 않다면 얼마나 많은 사람들이 다른 활동을 하며 시간을 보낼 수 있겠는가?

네 번째 문제는 대부분의 정보가 검증되지 않는다는 데 있다. 소셜 미디어는 소위 말하는 '시민 저널리즘'*(긍정적 입장에서 본다면)을 조성한다. 우리 모두가 참여자이고 진실을 지키는 전사들이다. 우리 모두가 평론가이며 전문가이다. 오늘날 우리는 모든 사람들의 의견이 동등하다고 생각한다. 따라서 조의 블로그는 「월 스트리트 저널」과 같은 무게를 지닌다. 소셜 미디어의 글은 정확도나 중요도보다 대부분 인기 순으로 배열된다. 사람들은 속내를 잘 알 수 없는 미묘한 글보다 어느 한쪽에 치우친 편파적 글과 선동적인 글에 더 많은 관심을 보인다. 게다가 소셜 미디어는 일명 '낚시 글'과 같이 클릭을 유도하는 티저 링크를 이용해 더욱 자극적인 콘텐츠로 사람들을 유혹한다. 소셜 미디어는 잘못된 정보

● 시민 저널리즘(citizen journalism)은 시민을 저널리즘의 핵심으로 보며 시민의 공공참여와 토론의 활성화를 기본목표로 한다.

가 번성하고 거짓된 믿음이 먹히는 곳이다. 여러 다양한 혐오단체들이 성공적으로 운영될 수 있는 비옥한 땅이다.

　마지막이자 소셜 미디어의 가장 중요한 특징은 자아도취의 거품에 빠지게 한다는 것이다. 구글과 같은 검색 엔진의 타월한 알고리즘 덕분에 인터넷은 우리가 무엇을 좋아하는지 파악해 기꺼이 정보를 제공한다. 그러다 보니 우리는 자신의 신념체계에 이미 존재하는 것을 자연스레 추구하게 되고 인터넷은 적극적으로 그 신념체계로 인도한다. 트위터나 페이스북을 통해 우리는 우리만의 뉴스를 만든다. 몇십 년 전까지만 해도 세 개의 뉴스 방송 중 하나를 켜서 전 세계 헤드라인 뉴스와 국내 뉴스 그리고 여타 관심이 가는 과학이나 지역 관련 뉴스를 보곤 했었다. 어떤 뉴스에 시간을 소비해야 할지 선택하지 않았다. 모든 뉴스를 훑어보고 전달해 주는 전문가들이 있었다. 이런 방식으로 우리는 관심이 있는 줄도 몰랐던 뉴스를 '우연히' 접하곤 했다. 이에 반해 소셜 미디어와 인터넷은 기본적으로 새로운 정보를 제공한다기보다 우리의 관점을 반영한다. 본능적으로 우리는 우리와 믿음이 같은 사람들을 찾거나 믿음은 같지만, 접근방식에 있어 보다 급진적인 사람들을 찾기 마련이다. 이러한 일이 반복되다 보면 기존에 가지고 있던 믿음에 대한 확신이 점점 커질 뿐만 아니라 강화된다. 이러한 현상을 두고 사회심리학자들은 '집단 양극화의 법칙'이라고 부른다. 즉 같은 생각을 가진 사람들이 어떠한 이슈를 놓고 고민을 한다면 함께 토론을 거친 후에 그들의 관점이 더욱 극단적으로 변하게 된다는 것이다. 기본적으로 이것은 같은 말이 반복되고 점점 커지는 반향실反響室과 같다. 소셜 미디어의 이 같은 측면이 온라인과 오프라인에서 대화를 어렵게 만드는 요즘의 분노 문화에 크게 기여했을 것이다.

개인적으로 사이버기술이 우리 사회에 너무 빨리 생겨났으며 이에 비해 인간의 심리적·정서적 발전은 이 기술을 제대로 사용할 만큼 충분히 발전하지 못했다고 생각한다. 마치 걷기도 전에 날 수 있는 힘이 주어진 어린아이처럼 우리는 여기저기 부딪혀 상처를 내고 있다. 나는 오래전부터 페이스북이나 트위터 같은 사이트를 '반사회적' 미디어라고 지칭해왔는데 왜냐하면 그러한 사이트 때문에 사람들이 얼굴을 맞대고 대화를 나눌 수 있는 능력을 상실하고 있거나 적어도 그럴 마음을 잃어가고 있기 때문이다. 웹은 무한한 힘을 가지고 있다. 하지만 아무리 소셜 네트워킹을 긍정적으로 본다 하더라도 그것은 실제 세상에서 발생하는 사회화와 같지 않으며 결코 그 자리를 대신해서는 안 된다는 것을 잊지 말아야 한다.

만약 소셜 미디어에 많은 시간을 할애하는 사람이라면,

특히 어떠한 이슈를 놓고 열띤 온라인 논쟁에 참여하는 사람이라면, 트위터에서 벌어진 논쟁의 실타래에서 비롯된 감정의 응어리를 자신도 모르게 오후 6시에 있을 모임에 안고 들어갈 수도 있다는 사실을 명심해야 한다.

분명 소셜 미디어는 사라지지 않는다. 하지만 내 경험상 온라인 대화에는 규칙이 있다. 바로 좋아하는 것에 관한 글을 올려야지, 불평불만을 올려선 안 된다는 것이다.

어색한 적막을 깨고 소소한 대화부터 나누자

소소한 대화는 대화의 애피타이저와 같다. 그 뒤로 주요리가 이어지는 게 보통이지만 때로는 애피타이저만으로도 훌륭하고 만족스러운 식사를 할 수 있다.

대부분 중요한 문제에 대해서 이야기를 나눌 때 더 잘해야 한다고 생각한다. 하지만 소소한 대화에 집중한다고 해서 결코 잘못된 것은 아니다. 사실 소소한 대화에 대한 평판은 좋지 않았다. 하지만 때로는 소소한 대화가 '굵직한 대화'보다 사람과 관계를 맺는 데 훨씬 더 좋을 수 있다. 관계를 맺는 일은 일종의 게임과도 같다. 논쟁적 이야기와 상관없이 관계 맺기는 일어나기 마련이다. 사람들에게 물어보면 대부분 시간 낭비라고 하겠지만 소소한 대화(특히 처음 보는 사람과 나누는)의 유용함을 보여주는 연구는 점점 늘고 있다.

우리가 모임에 가는 이유는 대개 사람을 만나고 사귀고 어울리고 즐기며 그 사람이 어떤 사람이고 또 어떤 삶을 살고 있는지 엿보기 위해서라는 사실을 명심해야 한다. 게다가 불편한 상대와 어울릴 때조차도 사실은 전쟁터가 아니라는 것도 기억해야 한다. 만약 어떠한 문제에 대해 다른 사람이 가진 생각을 바꿀 수 있다고 생각하고 모임에 간다면, 세상의 한구석을 더 나은 곳으로 만드는 데 일조할 수 있다고 생각하고 모임에 간다면, 한마디 하건대, 그런 일은 일어나지 않는다. 15분의 대화로 근본적인 생각은 변하지 않는다. 여러분이라면 상대방이 사고하고 느끼는 방식에 대해 새롭게 무언가를 배울 수 있겠는가? 물론 가능할 수도 있다. 여러분이라면 중요한 이슈에 대해 누군가와 주거니 받거니 활기찬 논쟁을 벌일 수 있겠는가? 이상적으로야 가능한 일이다. 어떠한 문제에 대해 우리가 느끼고 생각하는 바를 솔직하게 이야기하고 나눈다면야 그것이야말로 최고의 소통이라 할 수 있다. 하지만 모임에서 벌어지는 설전에 승자는 없음을 항상 명심해야 한다.

소소한 대화를 즐겁게 나누는 일은 재미있는 게임을 하는 것과 같다. 아마도 다들 초반에 나누는 소소한 대화를 그냥 지나치지 못할 것이다. 어쩌면 소소한 대화가 정말 즐거워 그 자체만으로 만족할 수도 있다. 여기서 핵심은 소소한 대화가 지루해서는 안 된다는 것이다. 따라서 본론으로 들어가기 전에 재미있으면서도 익숙한 그리고 괜찮은 이야깃거리를 준비해 가는 것이 좋다. 가령, "집주인을 어떻게 알아요?" "어느 도시에 살고 있어요?" "칠리를 먹어본 적 있어요?" "무슨 일하세요?" "시간이 날 땐 어떤 일을 즐겨 하세요?"와 같은 것들로 말이다. 소소한 대화를 통해 긴장을 풀고 상대방에 대해 편안함을 느끼게 된다. 일단 소소한 대화로 대화의 물꼬를 틀고 나면 대화를 하는 데 있어 일종의 유대감 같은 것이 형성된다. 만약 대화를 나누다 문제에 부딪친다면 좀 전에 나눈 소소한 대화로 언제든 돌아갈 수도 있다. 초반에 나누는 소소한 대화는 일종의 안전망을 제공한다.

선입견에 얽매이면 대화에 문제가 생긴다

대개 모임에 필요한 올바른 마음가짐은 그저 마음을 미리 정해두지 않는 것이다. 마음가짐이란 기본적으로 태도와 신념의 집합체이다. 개인적으로 '미리 정해둔다'는 것은 사고가 지나치게 경직되어 있거나 개인적 편견이 있는 경우, 그리고 최근에 나눈 사회관계에 지나치게 집착하는 경우를 말한다.

신념은 정체성의 일부이다. 따라서 낯선 사람들이나 잘 알지 못하는 사람들로 가득 찬 방에 들어갈 때처럼 특별히 긴장되는 상황에서는 우리가 가진 신념을 꽉 움켜쥐게 된다. 우리는 모두 일종의 집단 동질감을 가지고 있다. 그리고 이러한 집단 동질감을 중심으로 수많은 동지애와 방어적인 태도가 존재한다.

그렇지만 우리는 대체로 그러한 사실을 잘 알지 못한다. 근본적으로 '이것이 내 사람들이 믿는 것이다. 내가 알고 신뢰하고 사랑하는 모든 사람들이 이렇게 믿고 있는데 그 모든 사람들이 어떻게 틀릴 수 있단 말인가?'라는 태도를 지니고 있다. 누군가 우리가 가진 신념 가운데 하나에 도전한다면 전반적 정체성과 내가 누구인가에 대한 의식이 위기에 처할지도 모른다.

우리는 모두 어떤 식으로든 한쪽으로 치우쳐 있다. 모두가 그렇다. 나도 여러분도. 예를 들어, 나는 세로로 길지 않고 대신 가로로 넓은 큼지막한 2인용 유모차에 대해 이상한 편견을 가지고 있다. 유모차가 온통 상점의 통로를 점령하다 보니 나도 모르게 '누가 저 사람들에게 저렇게 넓은 공간을 차지할 권리를 주었는가?'라는 생각이 든다. 나도 내가 어이없고 불공평하다고 생각한다. 어쩌면 내가 통로가 정말 좁은 맨해튼에서 아이를 키우지 않았기 때문에 그렇게 생각하는 것일 수도 있다. 하지만 나의 이런 편견이 어리석다는 것을 알고 있기에 절대 편견을 행동으로 옮기지는 않는다. 그리고 항상 먼저 스스로를 다잡는다.

우리가 가진 편견이 무엇인지 알면 사회관계를 형성하는 동안 유연한 마음가짐을 유지하는 데 도움이 될 것이다. 신념을 꼭 포기할 필요는 없다. 대부분의 경우 편견은 칭찬할 것이 못되지만 편견이 있다고 해서 반드시 해로운 것만은 아니다. 편견 때문에 시인이 은행원만큼 돈을 받을 자격이 있다고 믿을 수도 있고, 혹은 타고나기를 개가 고양이보다 우월하다고 믿을 수도 있다. 다만 다른 사람들도 우리의 신념과 생각에 동의하지 않을 수 있음을 알아야 한다. 그보다 더 중요한 것은 누군가 우리에게 동의하지 않는다고 해서 그 사람이 정신이 나갔다거나 사악한 것은 아니라는 것이다. 그저 잘못 알고 있는 것일 수도 있다. 물론 이것도 우리 생각이겠지만.

어떻게 하면 마음을 미리 정해두지 않을 수 있을까? 사실 그것은 불가능한 일이고 평생 어려운 일이다. 하지만 지나간 대화를 대수롭지 않게 여기는 일쯤은 할 수 있다. 마음을 깨끗이 비우고 현재에 집중해 보자.

만약 친구들이 어떠한 이슈에 대해 '잘못된' 선택을 할 것처럼 말한다면 거기에다 대고 반응을 보이지 않기란 어려운 일이다. 다시 말해, 상대방의 명백한 오류를 어떻게든 바꿔놓겠다는 마음을 누르며 계속 관심을 가지고 대화를 이어가는 것은 어려운 일이다. 평소 자신이 다소 편향되어 있음을 알고 편견을 조금 느슨히 하려고 노력한다면, 마음가짐을 새롭게 하려는 시도를 해왔다면, 대화에 더 잘 집중하고 더 잘 경청할 수 있을 것이다. 누군가가 도저히 감당할 수 없는 불쾌한 말을 하더라도 정중히 그에게 두었던 관심을 거두어들일 수 있을 것이다(6장 참조).

상대방에게 휘둘리지 않도록 마음의 중심을 잡자

수백만 사람들이 아침마다 명상을 하는 데에는 이유가 있다. 10분에서 15분 정도 마음을 가라앉히며 하루를 준비하는 것이다. 명상이나 요가를 규칙적으로 하는 사람들은 감정적으로 중심을 잘 잡으며 과도한 반응을 피할 수 있다. 이 책을 읽고 정신적 수양을 매일 한다고 해서 전반적인 라이프스타일이 완전히 바뀔 수 있다고 생각하지는 않지만 불안하게 만드는 모임에 가기 전에 마음을 비우려고 노력하는 일은 결코 나쁘지 않다. 마음의 중심을 잘 잡으면 덜 방어적으로 반응하게 되고 다른 사람들의 의견을 듣는 일도 수월해질 것이다. 그뿐만 아니라 상대방이 던진 분노를 치밀어 오르게 하는 말도 쉽게 무시할 수 있다.

"하지만 상대방의 입장이 정말로 사회에 해를 끼치는데 어떻게 차분히 듣고만 있으란 말인가요?" 수많은 사람들이 내게 물을 것이다. 평정심을 유지한다고 해서 상대방을 무시하는 게 아니다. 비록 그 사람이 틀렸다고 생각하더라도 말이다. 대화를 나누는 동안 사고회로는 꺼지지 않으며 오히려 더 객관적으로 듣고 반응할 수 있다. 이 책은 논쟁에서 이기는 법이나 그저 잠자코 있는 법, 혹은 화를 참는 법을 알려주려는 것이 아니다. 이 책에 소개된 책략들을 통해 언제, 어디서, 어떤 방법으로 대화에 참여해야 할지 알게 될 것이다. 어떤 주제로 토론할지는 항상 우리에게 달려있다. 하지만 내가 소개하는 규칙을 따른다면 방어적 입장을 취하게 되거나 모욕을 당하지는 않을 것이다.

수많은 철학자와 정신적 멘토들은 우리에게 두려움과 사랑이라는 두 가지 원동력이 존재한다고 믿는다. 이를 두고 엘리자베스 퀴블러 로스Elizabeth Kubler Ross는 "모든 긍정적인 감정은 사랑에서 비롯되고 모든 부정적인 감정은 두려움에서 비롯된다. 행복과 만족, 평화와 기쁨은 사랑에서, 분노와 증오, 불안과 죄책감은 두려움에서 비롯된다."고 말했다. 자신이나 다른 사람이 화를 낼 때 사실 우리는 두려운 상태에 놓인다. 따라서 두려움을 떨쳐내야 화를 내지 않게 된다. 물론 말이야 쉽지 실제로 행동에 옮기기는 어렵다. 그래서 많은 사람들이 정신적 수양과 마음챙김 수련을 하는 것이다.

이 같은 실천 가운데 하나는 현재에 머무르려고 노력하는 것이다. 자, 오늘 밤 우리가 특히 잘하는 상처 주는 말을 내뱉지 말자고 다짐해 보자. 간결한 말 한마디에 친구들과 한바탕 웃어 젖혔던 때를 떠올려보자. 상황이 맞아떨어진다면 이번에도 효과가 있을지도 모른다. 반대로 상황에 맞지 않을 수도 있다. 문제는 우리가 똑똑하게 보이고 싶어 한다는 데 있다. 게다가 그날의 이슈에 대해 미리 잘 정리된 생각과 의견을 제시하고 싶어 한다. 그러지 말고 순간에 집중하도록 노력해 보자. 우리 앞에 있는 사람에게 주의를 기울이고 마치 그 주제를 처음 듣는 것처럼 상대방이 하는 말을 경청하자. 최소한 초인종을 누르기 전에 서너 번 심호흡을 하자. 차분하고 이성적으로 말하는 사람에게 귀를 더 기울이는 법이다.

나를 폭발하게 만드는 방아쇠가 분명히 있다

나의 핫 버튼을 미리 파악하여 자동 활성화를 막을 수 있다는 생각은 어떤 의미에선 역발상이다. 어쨌든 민감한 문제에 관해 이성을 잃지 않고 침착할 수 있다면 핫 버튼이 폭발을 유도하지는 않을 것이다. 어떠한 이슈가 핫 버튼인 이유는 바로 그 이슈가 우리의 정체성이나 과거의 경험과 연결되어 있기 때문이다. 버튼이 눌려지면 우리는 생각할 겨를도 없이 바로 통제능력을 상실한다. 무엇이 됐든 우리 모두에게는 각자 폭발을 유도하는 것들이 있다. 그것이 꼭 국가적 중대 사안일 필요는 없다. 그것은 민감한 부분을 건드리는 일련의 불행한 사건일 수 있다. 나는 모임에 참석했던 어느 여름날, 칵테일을 마시러 현관 앞 테라스에 나갔던 때를 잊을 수가 없다. 긴 의자에 앉아 있는 친구들 가운데 한 명을 흘끗 쳐다보다가 그녀의 블라우스 뒤에 달린 지퍼가 열려있는 것을 발견했다.

"저기, 거기 뒤에 지퍼가 열렸어." 나는 알려줘야겠다는 생각에 무심코 툭 내뱉었다.

"뭐야! 나도 알아. 지퍼가 고장 나서 그런 걸 어쩌라고?" 그녀가 버럭 소리를 지르는 바람에 나는 화들짝 놀랐다. 나는 그녀가 같은 말을 한 여덟아홉 번 들었단 사실을 몰랐었다. 그래서 내가 그 말을 하자 그녀는 참다 참다 폭발한 것이다.

적과 어울릴 때에는 이미 어느 정도 경계상태에 있다 보니 다들 방아쇠를 당기기 일보 직전이다. 하지만 방아쇠는 대화가 흘러가는 데 방해가 된다.

마이클 P. 니콜스^{Michael P. Nichols}는 그의 저서 『듣는 것만으로 마음을 얻다』에서 다음과 같이 말했다. "상대방의 말에 대한 감정적 반응은 대화가 언쟁으로 바뀌는 데 가장 큰 원인이다. 감정적 반응을 보이는 것은 아이가 어른들의 대화에 끼어드는 것과 같으며 나쁘다기보다 때를 맞추지 못하는 것이다."

방아쇠에 대해 기억해야 할 중요한 것이 있다. 대체로 방아쇠는 납득할 수 있지만—왜 화를 내는지 충분히 이해할 수 있지만—몇 초 동안 회로에 합선을 일으켜 대화에 좋지 않을 수도 있다. 우리는 생각 없이 방아쇠를 당기고 싶어 하지는 않는다. 대화의 버튼이나 방아쇠에는 기본적으로 두 가지 종류가 있다. 하나는 현재 사건과 관련된 것이고 다른 하나는 기존 사건에 관한 것이다.

먼저 현재 사건과 관련된 방아쇠이다. 그날 주요 뉴스가 있었다면 다들 자신도 모르는 사이 약간 초조해하거나 신경이 곤두서있을 수 있다. 그 사건이 충격 사건이나 정치 스캔들, 자연재해나 혹은 대법원의 결정일 수도 있지만 과열된 분위기에서 잘못된 발언은 쉽게 승부에 불을 붙이고 감정 폭발을 일으킬 수 있다. 큰 사건이 벌어지면 사람들은 쉽게 폭발한다. 따라서 모임에 들어가기 전 자신의 감정상태에 대해 잘 알고 있다면 과잉 반응을 피하기가 수월해질 것이다. 만약 사망사고가 있었다면 분노는 지극히 정상적인 반응이며 위로를 건네는 것이 좋다. 반면에 감정을 통제하지 못하고 모임에 참석한 사람들에게 쏟아낸다면, 그것은 바람직하지 않다(누구나 한 번쯤 그런 일을 겪게 된다 하더라도).

기존 사건과 관련된 방아쇠의 예를 든다면, 어느 모임에서 여자가 자신의 직업에 대해 수다를 떨다가 이야기가 그녀의 사무실에서 일어나고 있는 성차별 상황으로 넘어간다고 해 보자. 그런데 그 이야기를 듣고 있던 사람 가운데 직장 내 성차별을 겪은 사람이 있다면, 그녀를 메리라고 하자. 메리는 다른 누구보다 더 빨리 더 감정적으로 반응하게 될 것이다. 사실 차별의 상황이 그다지 심각하지 않았을 수도 있다. 하지만 메리에게 있어서 그것은 핫 버튼이 되기에 충분하다. 또 다른 예로 손님 중에 존이라는 사람이 있는데 존은 아들이 SAT에서 1600점을 받는 바람에 원하는 상위 3개 대학에 입학할 수 없어 엄청난 충격에 빠져 있었다. 존은 아들이 대학에 떨어진 이유가 인종별 할당제 때문이라고 확신하고 있었다. 그런데 상대방이 우연히 소수인종 우대정책의 효과에 대해 언급한다면 그것이 존에게는 도화선이 될 수 있다.

완전히 자제력을 잃어 후회했던 때를 떠올려 보자. 어떻게 그런 일이 일어났던가? 전에도 그 문제에 대해 화를 낸 적이 있던가? 만약 자신의 방아쇠가 무엇인지 알고 있다면 미리 마음의 준비를 하고 스스로 방아쇠를 당기지 않도록 조심하면 된다. 특정 문제에 대해 아무리 자신의 감정을 정당화할 수 있다 하더라도 가능한 한 감정을 통제해 바로바로 공격하거나 반응하지 않는 대화를, 더 만족스럽고 더 절제된 대화를 하고 싶어 할 것이다.

쓸데없는 피를 흘리게 만드는 대화 주제

역사는 반복되지만 우리는 같은 실수를 반복하고 싶지 않다. 만약 모임에 참석할 누군가와 전에 다툰 적이 있다면 이번에는 다툼의 소지가 생기지 않도록 조심하자. 마지막 만남이 서로 소리를 지르다 끝났다면 또다시 그런 일이 생기지 않도록 노력하자. 아예 그 사람을 피하거나 대화를 하더라도 음식이나 오늘 밤 모임을 주최한 사람이 얼마나 멋

있는지 정도만 이야기하자. 특정 주제에 대해 누군가와 한 번 이상 부딪친다면 그 사람과의 대화에 일종의 홈이 생긴 다는 것을 알아야 한다. 따라서 같은 주제에 대해 같은 사람과 다시 이야기를 나눈다면 대화의 홈에 빠지게 될 것이 다. 그러곤 나중에 가서 이렇게 생각할지도 모른다. '잠깐, 그때 이렇게 말해야 했어. 그랬다면 내가 하고 싶은 말을 제 대로 전달했을 텐데. 나는 왜 그 사람에게 똑같은 말을 반 복했을까?'

같은 사람에게 쓸데없이 피 흘릴 필요는 없다. 대화의 주 제가 쓸데없는 피를 흘리게 하는 경우가 많다. 더군다나 이 같은 행동은 아물지 않은 상처나 소문난 벌집을 건드리는 것과 같다.

매우 민감한 문제가 얼마 전 브루클린에서 불거졌다. 바 로 포트 그린 공원의 개발문제와 관련된 문제였다. 이 공원 은 도시가 쇠퇴하는 동안 오랜 세월 방치되었다가 요즘 들 어 도시가 재정비에 들어가면서 마침내 주목을 받았다. 뉴 욕시의 공원 관리소는 공원 출입구를 새로 건설하겠다고 발 표했다. 소식을 들었을 때는 설계도가 완성된 상태라서 시 민들이 공원 관련 문제를 고려하기에는 이미 늦어버렸다. 설 계도에 따르면 넓고 웅장한 콘크리트 진입로가 들어설 예정 이었고, 그러기 위해선 북서쪽으로 50그루의 다 자란 나무와 풀밭을 없애야만 했다. 또한 도시가 발표한 조감도에는 정체를 알 수 없는 상점들이 입구를 따라 줄지어 들어서 있었다. 이 지역은 주택화가 빠르게 이루어진 곳이다. 게다가 역사적으로 서민층의 주요 거주지였으며 공원 한쪽에는 공공주택들이 자리하고 있었다. 시민들은 뉴욕시가 발표한 계획에 분통이 터질 수밖에 없었고 곧바로 누구의 공원이냐를 놓고 싸움이 벌어졌다.

그러자 한쪽에서 "아무도 서민들의 삶을 생각하지 않는다. 그들에게는 나무가 필요하다. 그들은 이런 값비싼 상점에서 새로운 물건을 살 여유가 없다. 상점이 들어설 그 자리는 활용도가 매우 높다. 이러한 방식의 재건축은 마을을 그저 화려하게만 만들어 새로운 콘도와 부자들을 유치하려는 것이다."라는 주장을 했다. 그러자 다른 한쪽에서 "가난한 사람들은 지금보다 훨씬 멋진 입구를 누릴 자격이 없단 말인가? 공원 재건축은 모든 시민들을 위한 것이어야 한다. 당신들은 변화가 있을 때마다 심장 발작을 일으킬 테고 설계도를 미리 못 봤다며 불평만 늘어놓을 뿐이다."라고 받아쳤다. 설상가상으로 시에서는 나무들이 병들었다고 주장하려 했으나 한 단체가 나무의 상태에 대해 정확한 정보를 얻기 위해 정보 열람권을 요청하면서 그 주장은 거짓으로 판명났다.

문제는 이 싸움이 온라인상에서 매우 격렬해졌다는 것이다. 예를 들어 넥스트도어닷컴(Nextdoor.com)에서는—자녀가 있는 부모들이 가입한 여러 리스트서브*도 마찬가지였다—평소 예의 바른 사람들조차 모두 대문자로 격앙된 글을 올렸다. 이 지역에 사는 내 친구 사라의 말에 따르면 이 문제를 놓고 의견이 얼마나 살벌했는지 믿기 어려울 정도였다고 한다. 모두들 반대편 뒤에 나쁜 세력이 있다고 믿었고 추악한 일들이 많이 벌어졌다.

이 사건은 누가 어느 쪽인지 분명하지 않은 경우에 해당된다. 누가 어느 쪽인지 쉽게 알 수 있는 인종이나 정치적 이해관계, 혹은 사회 계층을 따라 반대노선이 정해지지 않았다. 이 기간 동안 마을 사람들은 모임에 나가 절대 이 문제를 거론하고 싶지 않았을 것이다. "그날 오후 온라인에서 화가 나서 마구 소리친 사람을 언제 갑자기 마주치게 될지 알 수 없었다니까." 사라가 말했다. 이 같은 경우가 절대 들어가고 싶지 않은 지뢰밭의 예라고 할 수 있다. 더군다나 이 경우는 대부분의 지뢰밭과는 달리 지뢰가 브루클린 어딘가에서 열리는 모든 모임에 숨어 있다는 사실을 모두 알고 있

---

* 리스트서브(listserve)는 특정그룹 전원에게 메시지를 자동으로 전송하는 시스템을 말한다.

었다.

사라에 따르면, 이 문제에 대한 논쟁이 독설로 가득하다
보니 지역 주민 대부분이 모임에서 이 문제를 입 밖으로 꺼
내지 않았다고 한다. 물론 상처만 남기게 될 주제를 꺼내고
말고는 전적으로 선택의 문제다. 또한 누군가가 그 주제에
대해 이야기한다고 해서 통제할 수 있는 것도 아니다. 우리
가 이야기하고 싶지 않은 민감한 주제를 누군가 꺼낼 때 어
떻게 해야 할지는 이 책 후반부에 소개할 예정이다.

2장

사교성이 뛰어난 사람은 어떻게 말할까?

당신의 추측은 세상을 내다보는 당신의 창문이다.
가끔씩 문질러 닦지 않으면 빛이 들어오지 않는다.

– 알란 알다

마음이 열려있고 지뢰가 어디에 있는지 알고 있다면 모임 장소에 들어갈 마음의 준비가 된 것이다. 대화 속 지뢰는 대부분 우연히 밟게 된다는 것을 기억하자. 그래서 우리는 보통 발을 디딜 때마다 조심하며 신중하게 나아가고 싶어 한다.

잠시 시간을 두고 모임 장소를 둘러보는 것도 도움이 된다. 손님들의 몸짓은 어떤지, 술에 취해 소란스러운지, 아니면 편안하고 차분한 분위기인지, 모임의 목적은 무엇인지, 분위기는 어떤지, 차림새는 어떤지. 나는 대체로 사람들에 대해 미리 추측하려 들진 않지만 사실 어떤 모임인지 알 수 있는 것들이 있다.

낯선 사람들로 가득한 방을 들어가기 전에 훌륭한 과학

자처럼 늘 주변을 둘러보자. 뜻밖의 상황에 놀라지 않는다면 어떤 일이 닥쳐도 감당할 수 있을 것이다.

대화의 흐름을 매끄럽게 만드는 방법

모임이 보수적인지 진보적인지, 연령층이 낮은지 높은지, 도시지역인지 교외지역인지, 사업상 모임인지 일반 사교모임인지, 모임의 분위기를 파악하는 것이 도움이 된다. 하지만 손님 개개인의 신념과 태도에 대해선 지나치게 추측하려 들지 말자. 추측은 인간이 가진 최악의 특성 중 하나다. 불편한 상대든 아니든 이것은 중요한 규칙이며 삶의 규칙이다.

사람에 대한 추측은 종종 틀린다. 우리는 모두 이런저런 범주로 사람들을 분류하는 일에 익숙해져 있다. 하지만 사람들은 대부분 그렇게 단순하지 않으며 신념 또한 다양하다. 미루어 짐작하려는 이러한 경향은 일정한 범주를 넘어선다. 나는 단발머리에 귀여운 여성을 알고 있다. 그녀는 대체로 면으로 된 무난한 색상의 튀지 않는 옷을 입고 귀에 딱 붙는 진주귀걸이 말고는 장신구를 하지 않는다. 사실 그녀는 재즈가수인 데다 오토바이를 즐겨 탄다. 내가 50이 넘은 독신여성인 데다 고양이 두 마리를 키우고 있기 때문에 사람들은 내가 남자를 좋아하지 않거나 개를 싫어한다고 생각하곤 한다. 어떨 것 같은가? 나는 남자도 개도 좋아한다.

하지만 추측을 피해야 하는 주된 이유는 추측이 틀릴 수 있어서라기보다 대화의 흐름을 실제로 방해할 수 있기 때문이다. 처음부터 상대방이 특정 의견을 가지고 있을 거라고 생각한다면 그가 실제로 무슨 말을 하든 잘 듣지 않을 뿐더러 상대방이 자신에 대해 어떤 판단을 하고 있는지 눈치챌 수 있기 때문이다. 추측은 상대방에게 전달하는 무언의 교묘한 모욕과도 같다.

내가 '적의 진지'로 들어갈 때 늘 품고 다니는 마틴 루터 킹 주니어의 말이 있다. "당신이 마음속에 품은 경멸을 눈치채는 사람이라면 도덕적으로 설득할 수 없다." 5분에서 10분 정도 나눈 대화를 근거로 그 사람에 대해 미루어 짐작한다면, 그리고 그 짐작이 부정적인 것이라면 전반적인 대화에 방해가 된다.

금기사항을 피하면 실수 없이 말할 수 있다

대체로 우리는 어떤 것들이 논쟁을 일으키는지 이미 알고 있다. 물론 주제를 가리지 않는 사람들도 있다. 세상이 완벽하다면야 어떠한 주제들로도 지적인 토론을 할 수 있고 대화가 악화되지도 않는다. 하지만 시작도 하기 전에 실수를 안고 대화에 들어가지 않으려거든 한 번 더 생각해 보는 것이 좋다. 특히 상대방이 알고 지내던 사람이 아니라면 더더욱.

하지만 아무리 피하려고 애써도 일상 대화 중에 언제 무심코 폭탄을 터트리게 될지는 아무도 모르는 일이다. 케이프 코드에 살고 있는 친구 하나가 낯선 사람과 대화를 나누고 있었다. 그녀가 생각하기엔 악의라곤 없는 소소한 대화였다. 그러다 친구는 별 뜻 없이 톰 브래디*를 좋아한다고 했다. 그 순간 뉴잉글랜드가 아닌 지역에 사는 사람들은 그렇지 않을 수도 있다는 생각이 들었다.

그러자 상대방은 바로 문제가 있다고 친구를 비난했다. 친구는 적잖이 당황했다. 그저 브래디를 둘러싼 논쟁이 이해가 간다고 말하고 싶어서 좋아한다는 말을 꺼냈기 때문이었다. 이 일화는 대화를 친근하게 이어가기 위해 던진 농담이 언제 폭탄이 될지 결코 알 수 없음을 보여준다. (물론 톰 브래디가 축구선수라는 것은 알지만 축구를 잘 모르는 나는 친

---

* 톰 브래디(Tom Brady, 1977~)는 뉴잉글랜드 패트리어츠팀 소속의 미식축구 선수이다.

구가 이 이야기를 해주었을 때조차도 왜 그런 상황이 벌어졌는지 알지 못했다. 그래서 친구에게 톰 브래디가 쿼터백이냐고 물었던 것 같다. 내 입장에선 미식축구에 대해 잘 모른다고 하면 분명 누군가를 화나게 할 거라고 생각했다.)

누구나 즐겁게 대화할 수 있는 6가지 주제

흥미롭고 적절한 모든 이야깃거리들이 모임에서 나누기에 지나치게 위험하다면 도대체 무슨 이야기를 한단 말인가? 교통 체증이 얼마나 심했는지, 모임을 연 주최자가 얼마나 멋진지, 이렇게 맛있는 과카몰리는 먹어본 적이 없다든지, 이런 이야기만 로봇처럼 떠들어댄다면 무슨 의미가 있겠는가?

대화거리를 찾거나 대화의 방향을 논쟁거리가 아닌 다른 쪽으로 돌리고 싶을 때에는 예전에 가봤던 레스토랑이나 여행지, 좋아하는 운동, 읽어 본 책, 혹은 애완동물이나 아이들을 떠올려 보자. 물론 이러한 주제들이 반드시 흥미로울 수만은 없다. 여러분이 다른 주제로 즐겁게 이야기를 나누고 싶다면 다음의 주제들을 추천하고 싶다.

개인적 경험

일반적으로 논쟁을 멀리하면서 진정한 대화를 나누려면 견해보다는 경험에 초점을 두는 것이 좋다. 다시 말해, 누군가 최저임금 인상여부를 놓고 의회가 투표 중이라는 뉴스를 읽었다고 말한다면 그 사람에게 첫 회사는 어디였으며 시급은 얼마였는지(최저임금 문제는 언급하지 말고) 기억하냐고 물어볼 수 있다. 그 질문은 그때 회사생활은 어땠는지, 그리고 본인의 첫 직장은 어땠는지 등의 이야기로 이어질 수 있다. 만약 누군가 최근에 내린 눈이 분명 지구 온난화와 관련이 있을 거라고 말한다면 그 사람에게 눈이 내리는 지역에서 자랐는지, 어린 시절 눈밭에서 즐겁게 놀았던 추억이 있는지 물어볼 수 있다. "눈썰매를 탔나요, 아니면 넓은 받침대 같은 걸 이용했나요?"(사실 금속으로 만든 것이 더 빠른데 요즘 썰매는 모두 플라스틱인 것 같다.)

기발한 인터뷰

어디에 사는지, 직업이 무엇인지 묻는 질문보다 추상적이면서도 창의적인 대화를 끌어낼 수 있는 뭔가 엉뚱하면서도 부담스럽지 않은 질문을 해 보는 건 어떨까? 가령 "운동화 끈을 몇 살에 묶었는지 기억나세요?"와 같은 질문은 왜 더 이상 운동화 끈이 없는지, 누가 벨크로를 발명했는지, 누가 지퍼를 발명했는지에 관한 대화로 이어질 수 있다. 또 다른 기발한 질문으로는 "주방에서 친 사고 중에 최악은 무엇이었어요?" "가장 좋아하는 숫자는 무엇인가요? 그리고 그 이유는요?" 같은 것이 있다. 이러한 질문은 두 사람 이상과 대화를 나눌 때 가장 효과적임을 기억해 두길 바란다.

기술문명

대체로 다들 손목에 스마트워치나 스마트밴드를 착용하고 있거나 휴대전화를 꺼내 놓았거나 알렉사가 음악을 틀어 줄 것이다. 다 아는 최신 애플 제품이나 새로 나온 웨어러블 기기는 대화를 끌어내기에 좋다. 가령, "신용카드나 신분증 대신 손에 칩을 끼워 넣는 것에 대해 생각해 본 적 있어요? 내가 듣기론 그런 혁신적인 방법이 진행 중이라던데요." "그거 아세요? 스티브 잡스도 처음에는 아이폰이 인간 삶에 이렇게까지 커다란 부분을 차지할 줄을 몰랐대요. 게다가 아이폰 시장이 이 정도로 커질 줄은 상상도 못했다고 해요." "3D 스마트폰을 개발 중인 사람이 있는 거 아세요?" "탁구 치는 로봇이 개발된 거 아세요?" "컴퓨터에 인간의 마음을 업로드해 뇌 전체를 제어하는 에뮬레이션이 가능하다고 믿나요?"와 같은 온갖 종류의 흥미로운 대화를 만들어낼 수 있다.

기묘한 과학 이야기

별걸 다 아는 괴짜로 들릴 위험은 있지만 종종 특이하고 기묘한 과학 이야기나 자연에 관한 흥미로운 사실들은 가장 좋은 이야깃거리라고 생각한다. 이런 재미있는 이야기들을 미리 준비해 두는 것도 나쁘지 않다. 한번은 몬트리올의 한 생명공학 회사에서 거미와 염소의 DNA를 결합해 특별한 우유를 만들어냈고 이것이 방탄조끼를 만드는 데 사용되었다는 뉴스를 읽은 적이 있다. 사람들이 옷이나 곤충에 관한 이야기를 하면 나는 가끔씩 이 이야기를 꺼낸다. 느닷없이 거미와 염소 이야기를 시작할 순 없겠지만 신기한 사실을 이야깃거리로 충분히 가지고 있다면 그 가운데 어느 것 하나는 대화에 맞는 게 있기 마련이다. 가령, "어둠 속에 핑크색으로 빛나는 날다람쥐가 있다는 걸 아는가? 자신이 소라고 믿는 우광병이라는 정신질환이 있다는 걸 아는가? 인간의 코가 5만 가지 향을 기억한다는 걸 아는가?" 같은 것들이 정말 재미있는 이야깃거리가 될 수 있다.

세계 여러 나라 이야기

여행은 모임마다 공통된 주제이니 다른 나라의 흥미로운 사실들을 소개하는 것도 좋다. 그렇다고 모임에 가기 전 다른 나라에 관해 공부하라는 말은 아니다. 뉴스를 보다가 세계 여러 나라에 관한 흥미로운 이야깃거리를 발견한다면 나중을 위해 기억해 두면 좋다.

예를 들어, 노르웨이에는 지금껏 아무도 읽어본 적 없고 앞으로 약 100년간 아무도 읽을 수 없는 원고들을 모아둔 미래도서관이 있다. 이 프로젝트의 목적은 2014년부터 2114년까지 매해 원고를 수집하여 출판을 목적으로 심어놓은 천 그루의 나무로 2114년에 인쇄와 출판을 하는 것이다. 만약 모임 장소에 책꽂이가 있으면 이런 이야기를 꺼내기가 좋다. "내가 들었는데……" 혹은 "내가 읽었는데……" 하면서 이야기를 꺼내면 된다. 또 다른 예로, 사후 박제된 영국의 철학자 제레미 벤담 이야기는 어떤가? 사람의 유골로 만든 이것은 '오토 아이콘'이라 불리며 런던 유니버시티 칼리지에 보관되어 있다. 프랑스에 관한 재미있는 사실 하나를 소개하자면 파리의 국립 도서관에는 퀴리 부인의 노트가 있는데 아직도 방사능 물질이 있어 납으로 만든 상자에 보관되어 있다고 한다.

우주 이야기

우주여행, 외계인과 UFO, 은하계, 끈 이론, 상대성 이론, 별똥별, 일식과 월식처럼 천문학과 우주에 관한 주제도 제법 안전하다. 하지만 달 착륙이 속임수라고 믿는 사람일 경우에는 이 주제도 위험할 수 있다. 명왕성은 왜 행성이 아닐까? 스티븐 호킹이 죽기 전 마지막으로 쓴 논문이 블랙홀을 탈출하는 법이었다는 건 어떨까? 대부분의 사람들은 별과 우주 이야기를 좋아한다. 우주 관련 주제는 아마도 우리가 지구인이라는 사실을 상기시켜주기 때문에 대체로 호불호가 없는 듯하다.

넷플릭스

다른 모든 것들이 실패한다면 현실의 대부분을 차지하고 있는 것을 생각해 보자. 우리는 'TV 황금시대'에 살고 있다. 〈왕좌의 게임〉, 〈기묘한 이야기〉, 〈불〉, 〈킬링 이브〉, 〈디스 이즈 어스〉로 이야기를 시작하면 대화는 순탄하게 흘러간다. 비록 즐겨 보는 프로그램을 상대방이 보지 못했더라도 우리의 이야기를 들으며 자신이 좋아하는 프로그램을 떠올리고 우리에게 추천할지도 모른다. 다들 넷플릭스, 아마존 프라임, 홀루, 홈박스 오피스^{HBO}, 쇼타임에서 무언가를 몰아서 보고 있을 것이다. 그리고 다른 사람들도 봤으면 하는 푹 빠진 프로그램도 있을 것이다.

하지만 다들 한 번쯤 경험했겠지만 TV에 관한 대화조차도 논쟁적 이야기로 흘러가기 쉽다. 〈홈랜드〉, 〈하우스 오브 카드〉, 〈시녀 이야기〉가 딱 그 부류이다. 심지어 〈왕좌의 게임〉에 관한 대화도 논쟁적 이야기로 이어질 수 있다. 예를 들어, 야경대가 지키는 장벽이야기가 미국과 멕시코의 국경에 놓인 장벽이야기로 이어질 수 있다.

하지만 뭐 그 정도는 괜찮다. 지금까지 지뢰를 피하고 특정 주제를 피해가는 법에 대해 이야기하느라 많은 시간을 할애했다. 자, 이제 용감히 전쟁터로 들어가 적과 어울리기로 결심하고 어떤 일이 일어나는지 보기로 하자.

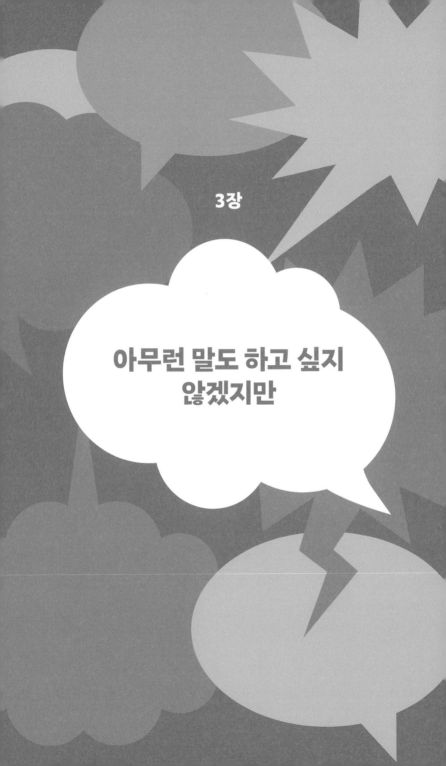

3장

아무런 말도 하고 싶지
않겠지만

대화의 진정한 정신은 상대방을 관찰하여 관계를
형성하는 것이지 대화의 판을 뒤집는 것이 아니다.

– 에드워드 G. 불워리튼

이제 여러분은 자리의 분위기를 읽고 추측하지 않고 위
험도가 낮은 주제를 선정하는 법에 대해 알게 되었다. 하지만
안전을 추구하는 것이 진정 우리가 사회적 경험을 통해 얻고
자 하는 전부일까? 만약 논쟁의 여지가 없는 대화만 한다면
새로운 사람들과 어울리는 목적은 무엇일까? 그날 일어난 사
건을 앞에 두고 눈이 얼마나 내렸는지 어떤 영화를 봤는지만
이야기하려 든다면 스스로가 어리석게 느껴질 것이다.

또한 늘 생각과 감정을 억누르는 일은 진정 바람직하지
않다. 한 연구에 따르면 의미 있는 대화를 나눌수록 더 행
복해진다고 한다. 애리조나 대학교에서는 대화를 담기 위
해 학생들로 하여금 셔츠 칼라에 사흘 동안 마이크를 달고
다니게 했다. 그 결과, 행복도가 가장 높은 사람은 가장 낮

은 사람에 비해 의미 있는 대화를 두 배나 하며 소소한 대화는 3분의 1정도밖에 하지 않는 것으로 드러났다. 비록 간단한 모임에서 이루어지는 교류지만 짧고 다양한 모임의 대화가 즐거울 수 있다. 그 말은 다시 말해 논쟁을 피하지 않아도 된다는 것이다. 우리의 최종 목표는 진실된 관계를 만들어 가는 것이다. 그리고 그것은 시간 날 때마다 페이스북과 인스타그램을 스크롤하면서 보낸다면 얻을 수 없는 것이다.

요지는 논쟁이 될 만한 이야기를 완전히 하지 말라는 게 아니라 되도록 피하라는 말이다. 본격적인 이야기를 하기에 앞서 몇 가지 예방 조치만 취하면 된다. 조금만 연습하면 대화의 흐름이 안전한 때와 아닌 때를 능숙하게 알아챌 수 있을 것이다.

설득할 필요도 없고 설득할 수도 없다

지뢰밭을 탐색하는 일 가운데 일부는 지뢰가 어디에 없는지 확인하는 것이다. 다시 말해, 바로 코앞에서 느닷없이 지뢰가 터지는 일은 없도록 확인하는 것이다. 대화에 참여한 사람들이 비교적 모두 침착해 보인다면, 우리가 중요하게 생각하는 문제를 논의해볼 수도 있다.

양극화된 현실이 걸림돌이긴 하지만, 그럼에도 불구하고 서로 대화를 나누고 때로는 상대방의 생소한 의견에 귀를 기울이도록 노력해야 한다. 진정한 소통이야말로 미래 사회에 우리가 가진 유일한 희망이다. 우리 가운데 5%만이라도 전에 생각해 보지 않은 문제에 마음을 열 수 있다면 그것이 우리를 전면전에서 구해줄 변환점이 될 수 있다. 어쨌든 간에 현대 생활은 논쟁의 소지가 있는 주제를 완전히 피할 수만은 없다. 거의 모든 주제들이 편파적인 문제로 이어지는 경향이 있다. 우리가 모임을 즐기고 있다고 해서 사고를 멈추거나 혹은 꺼버린 것은 아니다. 예일대학교 법대 교수이자 칼럼니스트인 스티븐 카터Stephen Carter는 그의 저서 『예의』에서 이렇게 말했다. "서로 간의 차이에 대해 예의를 갖춘 대화는 민주주의의 진정한 엔진이다. 의견이 달라야 토론할 수 있고 토론을 해야 결정을 내릴 수 있으며 결정을 내려야 앞으로 나아갈 수 있다." 단순히 갈등의 발생을 피하기 위해 항상 입을 꾹 다물고 있는 것만이 능사는 아니다.

하지만 사교모임에서 무턱대고 격렬한 논쟁에 뛰어들고 싶어 하는 사람은 없다. 내가 인터뷰했던 사람은 자신과 입장이 정반대인 사람에게 때로는 '미끼'를 던지지 않을 수 없다고 인정했다. 상대방이 미끼를 물고 긴장감이 감돌고 나서야 자신이 한 행동을 후회하는 경우가 많다고 했다. 목청껏

소리를 질러야 속이 후련해지는 사람이라면, 자신의 대의를 전파해야 하는 사람이라면 이 같은 행동이 대체로 상대방뿐 아니라 주변 사람들까지 불편하게 만든다는 점을 명심해야 한다. 많은 사람들이 고속도로에서 난 사고를 구경하기 위해 속도를 늦추는 것처럼 먼발치에서 싸움을 구경하는 일이 때로는 재미있을 수 있지만, 만약 우리가 모임 주최자라면 결코 재미있지 않을 것이다.

싸우지 않는 쪽을 선택하라고 해서 자신의 신념과 타협하라는 말이 아니다. 사교모임이라면 끔찍한 참사가 아닌 대화를 나누고 싶을 것이다. 활기찬 토론과 싸움은 다르다. 때로는 아슬아슬한 줄타기가 될 수도 있지만 용케 잘 해내면 엄청난 만족을 느낄 수도 있다. 상대방을 설득할 필요도 없고 설득할 수도 없다는 것을 깨닫는 것이야말로 정말 중요하다.

얼마 전 맨해튼에서 열린 모임에서 미치라는 이름의 특이한 남자를 만났다. 내가 집필 중인 책에 대해 설명을 시작하자 그가 눈을 반짝이며 말했다. "아! 저는 모임에서 저와 의견이 맞지 않는 사람을 만날 때마다 그 경험을 무척 즐긴답니다."

"그래요?" 나는 어리둥절해 했다.

"아, 네. 가능하다면 그 사람을 데리고 바로 구석진 곳으로 가요." 미치는 반대 의견을 가진 사람과 이야기하는 일이 재미있으면서도 유익하고 도전의식을 북돋는다고 했다. 그는 상대방의 마음을 바꾸려 들지 않으며 승패에 연연하지 않고 단지 정보를 교환하는 일이 즐겁다고 했다.

그러곤 최근에 십 대 아들과 웨스트로 낚시를 다녀온 이야기를 했다. 어느 화창한 여름날, 그는 아들과 함께 옐로스톤 강둑에 앉아 낚시를 하고 있었고, 그들 옆에는 몬태나 주민인 나이가 지긋한 한 남자가 있었다. 미치는 그 남자와 잠시 낚시에 대해 이야기를 나누었다. 남자가 불쑥 사슴 사냥 이야기를 꺼내더니 미치에게 총이 있냐고 물었다. 미치는 없다고 말하며 어떤 기종의 총을 가지고 있냐고 남자에게 물었다. 그 남자는 몇 가지 기종을 가지고 있는데 그중에 AR-15*가 있다고 했다. 2018 플로리다 학교 총기난사 사건이 발생한 지 불과 3주밖에 지나지 않았지만 미치는 애써 침착하게 남자에게 물었다. "그런데 왜 AR-15를, 어디에 쓰시게요?"

미치의 질문에 도리어 그 남자는 총을 쏴 본 적이 있냐고 물었다. 미치는 어렸을 때 한 번 쏴 봤다고 대답했다. 그러자 그 남자가 말했다. "음, 방아쇠를 당겼을 때 충격이 느

●　미국 총기난사 사건에서 단골로 등장하는 무기다.

껴지죠. 정말 짜릿하지 않아요? AR-15는 그런 엄청난 충격을 연달아 15번이나 느끼게 해 주죠."

미치는 남자에게 처음 그 총을 손에 넣게 된 경로와 시기, 그리고 용도(그는 과녁을 향해 발사한다고 했다)에 관해 몇 가지 질문을 하고 나서 조심스레 물었다. "하지만 그 총에 죽임을 당한 사람들은 모두 어떡할까요? 당신이 방아쇠를 당길 때 오는 충격에서 얻는 짜릿함이 그 사람들의 목숨만큼 정말 값어치 있는 일인가요? 그저 오락용으로 모든 사람들이 쉽게 이 총을 사용해도 된다고 생각하나요?"

남자는 발끈하며 정신 나간 사람들은 당연히 총을 소지하면 안 된다며 얼버무렸다. 그러곤 헌법이 모든 미국인들의 총기소지를 보장하고 있다고 목소리를 높이며 수정헌법 제2조를 말하기 시작했다.

"음, 총기와 정신 나간 사람들에 관해선 확실히 우리가 의견이 일치하네요." 미치가 달래는 듯한 미소를 지으며 말했다. 그 남자의 반응으로 보아 총기규제에 대해 더 이야기해 봤자 쓸데없는 일이라는 걸 알 수 있었다. 그래서 미치는 미끼를 묶는 것과 가짜 미끼 던지는 법으로 화제를 돌렸다.

다른 사람이라면 일반 시민의 경우 군대식 자동 무기를 소지해서는 안 되며 수정헌법 제2조는 주 민병대에 해당되는 것이지, 이러한 종류의 총기소지는 일반 시민에게 해당되지 않는다며 몬태나 사람의 입장에 이의를 제기하고 논쟁을 벌이려 했을 것이다. 하지만 휴가차 온 낚시였고 지역 주민과의 대화이지, 주민회의가 아니었다. 미치는 어디까지 대화를 이어가야 할지 알 만큼 자제력이 있으며 사려 깊고 영리한 사람이었다. 비록 남자가 AR-15를 옹호하는 것에 화는 났지만 미치는 다른 관점을 알게 되었고(방아쇠를 당길 때 짜릿한 충격이 느껴진다는 이야기는 단 한 번도 들어본 적이 없었다), 논쟁해봤자 아무런 소용이 없는 상황에서 분노로 치닫지 않았다. 미치는 자신의 입장을 밝히고 물러났다.

가끔씩 나는 이러한 현상을 균형 잡힌 사회화라고 생각한다. 자신이 그렇게 할 수 있는지 보는 것도 흥미로울 수 있다. 마치 절제를 연습하듯, 다른 사람들의 사고방식을 이해하는 일이야 잘못된 게 없다. 다른 의견을 듣는다고 해서 실제로 우리에게 해가 되지는 않는다(완전히 혐오스러운 발언을 제외하고는 말이다. 이것은 뒷장에서 다룰 예정이다). 그리고 어떠한 문제에 대해 생각이 매우 다른 사람과 대화를 나눌 때 가장 흥미로운 일이 일어나기도 한다. 수년 전, 내가 20대였을 때 보수적인 시동생과 경제에 대해 토론했던 기억이 있다. 우리는 와인을 마시며 토론했다. 이따금씩 아드레날린이 솟구쳤지만 정말로 화를 내지는 않았다. 정확히 무슨 이야기를 했는지 기억나지는 않지만(아마 효율적인 작은 정부

냐 가치 있는 사회복지 기금이냐를 놓고 논쟁했던 것 같다), 서로 의견이 다르다는 이유만으로 그 주제를 회피했을 때보다 대화가 더 활기를 띠었고 기분도 좋았던 것으로 기억한다. 마치 탱고를 추거나 라켓볼을 칠 때처럼 살아있다는 기분이 들었다.

내가 좋아하는 말콤 글래드웰Malcolm Gladwell이 한 말 중에 이런 말이 있다. "주변 세상을 둘러보세요. 어쩌면 확고해서 바꿀 수 없어 보일지 몰라요. 하지만 그렇지 않습니다. 제대로 살짝만 밀어도 기울어질 수 있습니다." 모든 것은 토론의 가치가 있다. 이 불붙기 쉬운 영역에 들어갈 용기가 있다면, 미세하게나마 다른 사람의 마음을 열 수 있는 기회는 언제나 있다. 가령, 나는 모든 사냥을 완강히 반대했었다. 그러던 어느 날 용기를 내어 오리 사냥을 하는 지인에게 내 생각을 말했다. 그는 30분에 걸쳐 오리고기는 좋아하면서 오리 사냥은 비꼬는 내 위선을 지적했고 그 지적은 성공적이었다. 그 후 대다수 오리농장의 끔찍한 상황에 관한 기사를 내게 보냈고 그 기사를 보고 나는 채식주의자가 될 뻔했다. 그리고 다시는 오리 사냥에 대해 불만을 토로하지 않았다.

훌륭한 토론 기술을 완벽히 보여준다고 생각되는 놀라운 사람이 있다. 그는 다큐멘터리 〈우연한 예의Accidental

Courtesy〉에 등장하는 대릴 데이비스^{Daryl Davis}다. 나는 〈사랑과
라디오〉라는 팟캐스트를 통해 처음 그의 인터뷰를 들었다.
흑인으로 음악가이자 작가, 대중연설가인 데이비스는 수년
간 백인우월주의를 내세우는 극우단체인 KKK단체 회원들
과 친구로 지냈다. 그는 백인우월주의자들, 흑인분리주의자
들과 앉아 그들의 견해를 방송으로 내보냈다. 그는 그들에
게 왜 그런 신념을 가지고 있는지 정중하게 물었다. 도전적
인 질문이었다. 그들은 질문을 받고 처음에는 의심스러워하
며 방어적인 태도를 보였지만, 결국엔 그들이 오히려 데이비
스에게 질문하기 시작했다. 대부분의 사람들은 혐오스러운
발언 앞에 데이비스가 보여준 것과 같은 절제를 보여주기가
어렵다. 하지만 데이비스는 그들이 자신들의 견해를 밝히게
두었다. 그리고 동의할 수 없을 때에는 그들이 공격받는다고
느끼지 않게 동의하지 않는다고 말했다. 여러 해에 걸쳐 이
같은 관계를 쌓아온 끝에 다수의 KKK회원들이 완전히 단
체를 떠났다. 그들은 우정의 표시로 KKK가운을 데이비스
에게 주었다. 데이비스는 거의 모든 인터뷰에서 중요한 것을
배웠다며 이렇게 말했다. "상대방에 대해 열심히 알아가는
동안 당신은 그 사람에게 당신 자신에 대해 조용히 가르치
고 있는 것이다." 그는 다른 사람들이 하는 말을 꼭 존중할
필요는 없지만 그것을 말하는 그들의 권리는 존중해야 하고

그래야 그들도 당신에게 그에 상응하는 예의를 갖출 거라고
믿었다.

동지인가 적인가 아니면 극성꾼인가

우리가 모두 데이비스처럼 인내심이 강한 십자군은 아
니다. 그 역시 단 한 번 20분의 대화로 많은 것을 얻을 순 없
었을 것이다. 특히 일과 관련된 모임의 경우, 대화가 논란의
여지가 있는 주제로 이어질 것 같거나 직접 그런 주제를 꺼
내고 싶다면 대화 상대의 기분이나 성향을 살피는 것이 제
일 좋다. 마치 성능 좋은 레이더 탐지기라도 있는 듯, 언제
감정적으로 해로운 영역에 들어가는지 미리 알 수 있는 방
법이 있다. 먼저 시험 삼아 질문이나 견해를 던져놓고 상대
방의 반응을 살핀 뒤 대화를 진행해도 좋을지 말지 결정하
는 것이다. 이런 식으로 '동지인지, 적인지 아니면 극성꾼'인
지 확인할 수 있다.

여기서 '동지'란 어떠한 문제에 대해 같은 생각을 하는
사람이고 '적'이란 반대 입장을 지닌 사람이다. 그래도 적은
마음이 아직 열려있거나 적어도 우리가 하는 말을 들어줄
수 있다. '극성꾼'(항상은 아니지만 대체로 반대 입장인 편이다)

은 생각이 딱 고정돼 있고 완전히 흑백논리에 갇혀있으며 쉽게 분노하고 싸우지 못해 안달이 난 사람이다. 한 가지 명심해야 할 중요한 것은 질문의 목적이 단지 상대방이 반대의견을 가지고 있는지 아닌지 그 여부를 확인하기 위한 것은 아니라는 것이다. 질문은 그보다 더 중요한 것, 바로 상대방의 기본적 기질을 알기 위한 것이다. 극성꾼은 어떠한 문제에 대해 우리와 생각을 같이 하지만 완고하며 현학적이다.

덴버의 임상심리학자 수잔 하이틀러^{Susan Heitler}는 그녀가 운영하는 유명한 블로그 '심리학 투데이'를 통해 다음과 같이 경고했다. "정답을 모두 알고 있다고 확신하는 사람과 나누는 이야기는 즐겁지 않다. 그들은 신념이 굳어버려 난공불락의 요새에 갇힌 사상을 지니고 있으며 점점 확실하지 않은 자료와 기존 신념에 부합하지 않는 데이터는 받아들이지 않는다. 데이터 수용을 거부하는 고정된 신념체계는 임상 용어로 망상이라 불린다." 다시 한번 말하지만 단순히 극단적인 사람들을 말하는 게 아니다. 내 친구 중에도 이런 부류가 있다. 그들은 모임에서 평정심을 유지한다. 내가 말하는 극성꾼들은 자신이 생각하는 문제에 대해 늘 화가 나있어 대화를 분노로 이끈다. 그들은 최근에 있었던 가족과 친구 간 다툼이나 뉴스, 소리치며 본 TV 프로그램, 아니면 이곳저곳 돌아다니며 우리의 정신을 야금야금 갉아먹으며 분노를 유발하는 트윗(마음을 달래주는 새들의 노랫소리와 달리)에 언제든지 폭발할 태세다. 그들은 절대론자이며 대부분 지나치게 독단적이다. 그래서 반응이 퉁명스러울 때에는 곧바로 실제 존재하지 않는 맥락과 의미를 만들어 낸다. 게다가 극성꾼들은 문제를 언급한 순간부터 자신의 주장을 관철시키기 위해 기발한 방법들을 생각해 낸다. 그것은 마치 파블로프의 조건반사와 같다. 그들은 지금 현재 일어나고 있는 대화에 귀 기울이지 않는다.

대화가 파멸에 임박했음을 알리는 신호

대화에 있어 모험을 시도했을 때 문제점은 조심하지 않으면 극도로 불편한 가운데 갑자기 한 방 제대로 얻어맞을 수 있다는 것이다. 수년 전, 경비원에게 건물주가 얼마나 비열한지에 대해 열심히 수다를 떨었던 때를 생각하면 나는 아직도 움츠러든다. 평소 같으면 친절하고 수다스러웠을 경비원이 갑자기 말수가 적어진 걸 눈치채고 내가 말을 멈추자 그가 말했다. "그 건물주가 우리 아버지인건 알죠?"

그와 나눈 대화는 단서를 파악하는 일이 얼마나 중요한지 보여주는 좋은 예다. 내가 대화에 좀 더 집중하며 경비원을 더욱 주의 깊게 살폈더라면, 그의 표정에서 뭔가 잘못되었다는 것을 좀 더 빨리 알아차렸을 것이다.

한 번은 마지라는 여성을 인터뷰했는데, 그녀는 내게 청중에게 주의를 기울이지 않아 난처했던 일화를 들려주었다. 그녀는 '십시 떼'가 그녀의 집을 털었을 때 일어난 일이라며 이모가 들려준 이야기를 해 주었다. 한 여자가 초인종을 누르자 이모가 문을 열었고 여자의 풍성한 치마 밑에 숨어있던 몇몇 어린아이들이 재빨리 집안 곳곳으로 흩어졌다. 마지는 그저 이모의 과장된 성향을 예로 들기 위해 그 이야기를 꺼냈기에 상대방이 '집시 떼'라는 말에 매우 불편해한다는 사실을 전혀 눈치채지 못했다. 상대방은 매우 불쾌해하며 '집시'라는 말이 얼마나 폄하하는 말인지 설교를 늘어놓았다. 사실 마지는 이모의 이야기를 듣고 나서도 수년 동안 집시라는 단어에 대해 단 한 번도 생각해 보지 않았다. (이제는 확실히 알게 되었다.)

그렇다면 대화를 재미있게 잘 하고 있는지 아니면 강한 반감의 구렁텅이에 빠져들고 있는지 어떻게 알 수 있을까? 대화 중에 둘 다 웃거나, 둘 다 소리 지르지 않거나 둘 다 크게 불편해 보이지 않는다면 아마 괜찮을 것이다. 하지만 자가진단을 해 보자. 상대방의 말을 계속 듣고 있는가, 아니면 다음 할 말을 생각하며 그저 기다리는 중인가? 상대방이 고개를 갸웃하거나 눈알을 굴리고 있지는 않은가? 주의를 기울이면 보통 경고 신호를 발견할 수 있다. 더군다나 요즘은 주의를 기울이는 일이 그 어느 때보다 중요해졌다. 그래서 몇 가지 팁을 소개하려고 한다.

- 왠지 이상하거나 갑작스러운 침묵을 눈치채야 한다. 상대방의 반응에 계속 주의를 기울여야 하는 데에는 여러 이유가 있다. 특히 위험할 것 같은 주제를 다룰 때에는 더더욱 주의를 기울여야 한다. 가령, 극성꾼 여부 테스트 질문을 한 후 상대방이 극성꾼이 아니라고 확신하고 이야기를 꺼냈다고 해 보자. 잠시 후 상대방 반응을 살펴보자. 그저 쳐다만 보고 있거나, 웃지 않고 가볍게 고개만 끄덕이고 있거나, 눈이 신경질적으로 왔다 갔다 하거나 안절부절못하고 있을 수 있다. 이러한 반응들은 대화가 꼬이고 있다는 신호다. 그럴 땐 화제를 돌리는 게 상책이다.

- 사전경고가 될 만한 표현들을 살펴보자(모든 표현들이 다 문제가 있는 건 아니지만 어느 정도 경고가 될 만하다).

"흠, 그건 잘 모르겠어요."

"맞아요, 많은 사람들이 그렇게 생각하죠."

"이 문제에 대해 꽤 열정적인 것 같군요."

"아, 그럼 당신도 그 사람들과 같은 사람이군요."

"가끔은 이런 얘기가 너무 지겨워요."

"사람들이 정말 아직도 그걸 믿어요?"

"농담을 정말 이해하지 못하겠어요."

무조건적인 반사 반응을 보이지 말자

스스로 자신을 광적이라거나 독단적이라고 생각하는 사람은 극히 드물다. (누구, 나?) 나는 결코 내 의견을 부당하게 고집해 본 적이 없다. 그건 다들 마찬가지일 것이다. 게다가 부도수표를 발행하거나 주차위반 딱지를 떼거나 나이와 몸무게에 대해 거짓말한 적도 없다.

솔직히 말해서 인간이다 보니 가끔은 건설적이지 못하거나 심지어 무례하게 반응할 수도 있다. 운이 안 좋았을 수도 있고, 어쩌다 보니 누군가의 약점을 건드렸을 수도 있고, 테스트하려고 던진 질문 가운데 하나가 역효과를 냈을 수도 있고, 상대방이 매우 불쾌한 말을 했을 수도 있다. 이 모두 힘든 순간일 수 있다. 우선, 과민반응을 보인 것에 대해 죄책감을 느낄 때가 있음을 인정해야 한다. "그 문제에 대해 전혀 동의할 수 없어요."라고 하는 것은 대화를 멈추게 할지는 모르지만 반드시 과민반응은 아니다. 하지만 "글쎄요, 그래서 우리나라가 잘못됐다는 것입니다. 당신처럼 제대로 알지도 못하는 사람들이 다 망쳐놓고 있는 겁니다!"와 같은 것은 과민반응에 해당된다.

강경한 의견을 가져서는 안 되며 정의감에 불타거나 하고 싶은 말을 하는 게 '옳지' 않다고 말하려는 게 아니다. 하지만 우리가 화가 난다면 그 감정의 일부는 적어도 두려움이다. 우리를 갈라놓아 득을 보는 사람들이 있음을 기억해야 한다. 그들은 두려움을 이용해 관계를 갈라놓는다. 따라서 '내가 예민하게 반응하면 테러리스트들이 이기는 거야.'라고 생각하는 것이 어떤 의미에선 도움이 될 수도 있다.

분노가 치밀어 모진 말이든 혐의를 고발하는 말이든 무슨 말이라도 해야만 할 때에는 다음과 같은 기술이 도움이 될 것이다. 과민반응을 억누르고 난 후에, 분노가 사그라지고 난 후에 다음 장에서 소개할 주제 변경전략이나 탈출전략 가운데 하나를 사용하면 된다. (아래에 소개할 기술들을 실행할 경우 먼저 숨을 크게 한두 번 쉬어야 한다. 이것은 열까지 세는 것을 대신할 창의적인 방법이다.)

대화의 미래를 예측하자

가령, 대수롭지 않게 생각하고 무언가를 이야기하고 있는데 별안간 상대방이 우리를 오해하고 몰아간다면 우리는 상처를 입거나 치밀어 오르는 분노를 느낀다. 이때 숨을 고르며 재빨리 마음속으로 대화의 결론을 따라가 보자. 다시 말해, 우리가 느끼는 대로 방어적인 태도를 보이거나 분노로 반응한다면 상대방이 어떻게 대응할지 생각해 보자. 체스게임을 할 때처럼 말하기 전에 네다섯 번 미리 말을 움직여 보자. '전에도 이런 적이 있었잖아. 이런 대화를 나눠본 적이 있었잖아.' '어떻게 될지 알잖아.' '이게 그만큼 가치가 있는 일일까?'

유체이탈을 연습하자

대부분의 치료사와 마인드풀니스 코치들은 정신적·영적 건강이 모두 신체에 나타난다고 말한다. 하지만 그렇다고 해서 우리가 원하는 대로 마음을 조정할 수 있는 건 아니다. 폭발을 막기 위해 단지 1~2초 정도 확인해야 할 때가 있다. 마음속 화산이 꿈틀대기 시작할 때에는 잠시 산소를 얻기 위해 수면 위로 떠 오른 물고기처럼 공중으로 붕 떠오르는 상상을 해 보자. 잠시 후 제자리로 돌아와 몸속으로 들어가 보자. (반드시 제자리로 돌아와야 한다.) 물론 좋아하는 해변, 바다, 산꼭대기를 상상하며 '행복했던 장소'에 가 볼 수도 있다. 좀 더 평범한 상상이기는 하지만 내일 저녁 무엇을 해 먹을까 혹은 어떤 옷을 입고 출근할까와 같은 상상을 해 볼 수도 있다.

초이성적인 모드가 되어보자

즐겁게 이야기를 나누다가 갑자기 상대방이 우리가 경멸해 마지않는 유명인사의 행동을 칭찬하기 시작한다고 해보자. 이때 모임에 더 남아 즐기고 싶다면 스팍*이 여기서 어떻게 반응할지 생각해 보자. 스팍이라면 아마 눈썹을 치켜올리며 "멋지군요." 혹은 "그것 참 재밌네요."라고 말할지도 모른다. 무슨 말을 하건 스팍은 정신 나간 인간을 연구하는 과학자가 되어 침착하게 말할 것이다.

입 안에 음식을 넣자

입 안에 음식을 집어넣자. 후회할 말을 하기 전에 가능한 한 빨리. 음료수는 안 되고 음식이어야 한다. 왜냐하면 과음을 하면 화를 참기가 쉽지 않고 음료수는 음식보다 삼키는 데 시간이 덜 걸리기 때문이다. 음식을 다 먹어갈 때쯤이면 입으로 올라올 뻔한 거친 말들을 한 번 더 생각해 보았을 것이다. 빵, 특히 딱딱한 빵이 제격이다. 씹으면서 상대방이 하는 말에 고개를 끄덕이거나 저을 순 있지만 할 수 있는 거라곤 그게 전부니 말이다.

이 장에서 소개한 방법들은 한번 시도해 보기도 쉽고 제

* 〈스타트렉〉에 나오는 인물로 늘 이성적인 판단을 내린다.

법 유용하고 효과적이지만 불편한 상대와 어울리기 위해 쓸 수 있는 보다 자연스러운 방법들이 있다. 미리 말해두건대, 다음 장에서는 몇몇 사람들에게 불쾌감을 줄 수 있는 두 글자, '사랑'에 대해 이야기할 예정이다.

4장

저 사람은 왜 나한테만
그럴까?

증오의 반대편에는 우리 모두가 근본적으로
동등한 상태의 인간으로서 관계를 맺고 있다는
아름답고 강력한 현실이 있다. 증오의 반대는 관계맺기다.

– 샐리 콘

'공감능력'과 '공감'은 정확히 같은 의미를 내포하지는 않는다. 공감할 줄 아는 사람은 다른 사람의 감정을 이해할 수 있거나 느낄 수 있는 사람이다. 반면, '공감'은 감정들을 공유할 수 있는 것을 의미한다. 이 장에서는 의견이 일치하거나 같은 의견을 공유한다기보다 상대방을 이해하고 상대방의 감정을 느끼는 일에 대해 이야기하려고 한다. 가령, 모임에서 증오나 두려움을 표출하고 있는 사람을 만난다면 분명 그 감정을 공유하고 싶지 않을 것이다. 공감할 줄 아는 사람이 되려면 무엇보다 그 사람이 가진 단점에도 불구하고 연민의 마음을 가지도록 노력해야 한다. 지적, 심지어 도덕적·윤리적인 면에서 동의하지 않는다고 해도 말이다.

한번은 뉴욕 유니버설리스트 유니테리언[UU] 교회의 수석 목사이자 칼튼 칼리지와 하버드 신학교에서 종교학 학위를 받은 스카일러 보겔 목사와 '적'과 어울린다는 개념에 대해 말할 기회가 있었다. 보겔 목사는 유니테리언 교회의 첫 번째 원칙인 개개인의 고유한 가치와 존엄성을 굳게 믿고 있었다. 보겔 목사는 다음과 같이 말했다. "반대편에 있는 사람들에게 연민을 느끼기란 어렵습니다. 의지력이 필요하지요. 우리 교회의 첫 번째 원칙은 모든 것에 적용됩니다. 누가 그러한 능력이 있고 없고는 우리가 결정할 문제가 아니지요. 겸손해야 합니다. 인간의 경험은 끝이 없으며 어느 누구도 예측할 수도 알 수도 없다고 스스로 명심해야 합니다. 분명 우리가 이해할 수 없는 경험과 관점이 있습니다. 그리고 그것들이 다른 사람들에게는 대단히 현실적일 수 있습니다."

"저는 함께 하는 사람의 감정적 필요를 이해하려고 노력하는 것이 목사뿐 아니라 감정적으로 성숙하고 훌륭한 사람, 그리고 모임에 참석한 모든 사람들이 해야 할 일이라고 생각합니다. 가능하다면 말을 거세요. 적어도 그들이 하는 말에 친절하게 귀를 기울이세요. 누군가 논쟁 중에 정말 화를 낸다면 대부분 매우 불안하거나 평가의 위험을 느끼기 때문이라고 생각합니다. 논쟁에서 지면 자신이 다소 약한 존재가 될 거라고 생각하는 거죠."

이 같은 생각을 실천하고자 노력하는 일은 말처럼 쉽지

않다. 가장 어려운 것 가운데 하나는 숨통이 멎을 만큼 반
대의견을 말한 사람이나 내가 한 말에 갑자기 화를 내는 사
람 앞에 서 있어야 한다는 것이다. 공감할 줄 아는 사람이
되는 길은 어려울 수 있지만 그에 반해 매우 효과적이며 보
람 있는 일이기도 하다. 그것은 상대방을 가치 있는 동료로
바라보려고 나 스스로 노력하는 일이다. 또한 귀 기울여 잘
듣는 사람이 되도록 훈련하는 일이며, 불편한 상대와 대화
를 나눌 때마다 가능한 한 베푸는 법을 배우는 일이다. 대
화를 나눌 때 너그럽고 유연한 태도를 보이며 상대방을 사
랑하는 일이 항상 가능한 것은 아니다. 그것은 우리가 노력
해야 할 목표이다. 심지어 조금만 실천에 옮기더라도 놀라
운 일이 일어날 수 있다.

포기하기 전에 한 번만 더 귀를 기울이자

일반적인 상황에서 남의 말을 잘 들어 주는 사람이 되기
란 매우 어렵다. 특히 한 장소에서 여러 사람들과 동시에 어
울려야 하는 경우에 잘 들어주기란 여간 어려운 게 아니다.
우리가 이기적이거나 자아도취에 빠져있어서가 아니다. 물
론 그럴 때도 있겠지만, 대부분 긴장하고 있거나 정신이 없

거나 아니면 단순히 성의가 부족해서다.

상대방이 이해하기 어려운 무언가를 말했다면 그의 말을 경청하는 대신 무슨 말인지 이해하려고 마음이 분주하게 움직이기 시작한다. 아니면 누군가의 이름을 기억하지 못하는 걸 들킬까 봐 혹은 치아에 양배추가 끼었거나 넥타이에 얼룩이 묻었을까를 걱정하며 상대방의 말을 반만 듣고 있을 수도 있다. 때로는 피곤하고 배가 고파서 혹은 스트레스를 받아서 아니면 인내심이 없어서 잘 듣지 못하는 경우도 있다. 또 어떤 때에는 할 말을 완벽하게 준비했는데 말할 기회를 놓칠까 봐 차례를 기다리느라 상대방의 말을 잘 듣지 못하기도 한다. 또 어떤 때에는 똑똑해 보이거나 자신이 하는 말이 재미있어 보이는 데에만 온통 신경을 집중하기도 한다. 하지만 아이러니하게도 대화를 가장 성공적으로 이끄는 사람은 잘 듣는 사람이고 이들은 대화 중 50% 정도 혹은 그보다 적게 말한다.

여기서 가장 핵심은 온 마음을 다해 들어야 한다는 것이다. 두 귀와 마음을 열고 상대방의 이야기에 귀 기울이자. 늘 하던 대로 딴 생각에 뇌를 쓰지 말고 열심히 집중해 보자. 우리는 종종 상대방의 말을 들으면서 내일 저녁 메뉴나 정해야겠다 생각하지만 상대방이 그 정도로 빨리 말하지는 않는다.

단어뿐 아니라 다른 모든 신호에도 주의를 기울여야 하며 행간에도 귀를 기울여야 한다. 상대방의 입에서 나오는 단어뿐 아니라 단어 뒤에 숨어있는 것들도 잘 들어야 한다. 얼굴 표정과 몸짓에도 주의를 기울여야 한다. 대화의 어떤 부분이 상대방에게 영향을 미치는지, 어느 부분에서 웃고 어느 부분에서 고개를 돌리는지, 말 뒤에 무엇이 숨어있는지 보려고 노력하자. 그리고 스스로에게 물어보자. 저 생각 뒤에는 어떤 동기가 숨어있을까? 이 사람은 무엇을 생각하고 있을까? 지금 이 순간에 머무르자. 적어도 말하는 만큼 잘 듣자.

분명 대화 중에 우리의 마음 한 편이 반응을 보이겠지만 상대방이 반응을 원하거나 필요로 하는 것처럼 보일 때까지 그 반응을 마음 한구석에 간직해 두자. 정말 반응을 보여야 할 때에는 상대방이 방금 한 말의 일부를 반복하는 것이 도움이 된다. 그렇게 하면 정말 잘 듣고 있다는 것을 보여줄 수 있다. 이런 방식으로 끼어드는 것은 마치 "맞아요. 정말 이해할 수 있어요."라고 말하는 것처럼 상대방과 대화의 유대감을 형성할 수 있는 방법으로 보일 수 있다. 하지만 그것이 무엇이 됐든 대화에 끼어드는 것은 상대방 입장에서 봤을 때 매우 거슬리는 일이다. (게다가, 그들이 말한 문장을 잘못 전달할 가능성도 있다. 그랬다간 정말 짜증 나는 일일 것이다.)

진정으로 공감할 줄 아는 사람은 조용히, 상대방이 충분히 설명할 수 있도록 격려하며 대화를 이끌기보다 따라간다.

요즘엔 상대방이 하는 말에 이를 악물고 참는 일이 백 배나 어려워졌다. 그래도 참고 그들이 발언할 수 있도록 하자. 죽을 것 같겠지만 죽지는 않는다. 우리가 경청하고 있다고 상대방이 느낀다면, 그들은 분노로 자신의 주장을 밝히지 않을 것이다. 그리고 그 결과는 좀 더 합리적인 대화로 이어진다.

상대방의 말에 관심을 표현하는 단순한 방법

다들 상대방이 자신이 생각하고 느끼는 것에 관심을 가져주기를 바란다. 따라서 질문은 관계 맺기에 중요한 부분이다. 그러니 호기심을 가지고 질문하려고 노력하자. 정보 수집가가 되자. 불편한 상대와 어울리는 상황에서 화를 내지 않으려면 상대방이 하는 말에 부정적으로 반응하기보다 질문을 하는 것이다. 만약 어떤 말에 화가 난다면 '좀 더 자세히 말해주세요' 전략이 순간적이나마 감정을 억제하는 데 도움이 될 것이다. 이것은 3장에서 언급한 입 안에 음식을 넣는 전략과 일맥상통한다. 상대방을 모욕하기보다 조금 더 경청하는 것이 좋다. 그러다 보면 어떻게 반응해야 할지 생각할 시간이 생길 테고 만에 하나 상대방의 말에 반박할 일이 생기더라도 좀 더 부드러워질 수 있을 테니.

방어적인 질문이나 떠보는 질문은 하지 말자. 변호사들이 늘 이런 유형의 질문을 한다. 가령, "당신은 틀림없이 ○○○에 대해 △△△하게 믿고 있을 겁니다. 안 그래요?"와 같은 질문은 하지 말자. 그 대신 반드시 "○○○에 대해 어떻게 생각하세요?"와 같은 질문을 하자.

예/아니오 질문은 하지 말자. 상대방이 길게 말할 수 있는 질문을 하자. 가장 좋은 질문은 무언가를 공유할 수 있는 질문이다. 그런 질문은 상대방으로 하여금 마음을 열게 만든다. 예를 들어, "나는 시카고 근방에서 자랐지만 대학을 졸업할 때까지 도시 생활을 많이 경험하지 못했어요. 당신은 어디 출신이죠?"와 같은 질문이 좋다.

만약 상대방이 하는 말을 차마 듣고 있기 힘들다면 화제를 바꾸거나 앞으로 소개할 기술을 이용해 자리를 뜨면 된다. 하지만 그보다 먼저 상대방과 상대방이 하는 말을 이해하려고 노력해 보자. 그럼에도 불구하고 상대방의 입에서 나오는 말들이 터무니없이 엉뚱하다면 나중에 같은 주제로 친한 친구와 이야기할 기회가 생겼을 때 재밋거리로 사용해야겠다고 생각하자.

마음속으로 세 살 아이를 떠올리자

이 방법은 어느 날 퇴근하는 지하철에서 주변 사람들의 행동이 짜증 나고 질려서 생각해 낸 것(이 방법을 처음 생각한 사람이 분명 나는 아닐 것이다)이다. 보통 둔한 사람들이 문간을 막고 서서 사람들이 타고 내리는 것을 방해한다. 내 맞은편에는 전형적인 쩍벌남이 다리를 커다란 V자 형태로 쩍 벌리고 앉아서 심지어 붐비는 지하철인데 엄청나게 자리를 차지하고 있었다. 내 근처에 있던 한 여자는 어깨에 멘 가방이 지하철이 움직일 때마다 다른 사람의 머리를 슬쩍슬쩍 치고 있다는 사실도 모른 채 큰 소리로 떠들고 있었다. 나는 사람들을 쳐다보며 숨을 들이마셨다. 지하철 안에 있는 사람들을 향한 부정적인 감정 때문에 그 시간이 더욱 불쾌하게 느껴졌다. 그래서 눈을 감고 타인을 판단하지 말라고 스스로 타일렀다. 그러곤 지하철에 탄 사람들이 모두 세 살 어린아이라고 상상하기 시작했다. 지치고 배고픈, 까탈스러운 세 살 아이들. 작은 발들이 바닥에 닿지도 않은 채 달랑달랑 흔들리고 있었다. 오구오구. 불쌍하고 어린 것들이 지하철을 타고 집에 가고 있었다. 그렇게 생각하자 저절로 미소가 지어졌다.

만약 모임에서 주변 사람들이 순간 너무 추잡해 입에 담기도 싫은 것들을 마구 쏟아내고 있다면 이 방법이 딱 좋은 속임수다. 마음속으로 이렇게 생각해 보자. '이 까탈스러운 세 살짜리들 좀 보라지. 다들 잘 시간이 지났나 보군.'

힘든 대화를 바꾸는 가장 강력한 무기

소소한 대화처럼 아첨 역시 평판이 좋지 않았다. 하지만 아첨이라고 해서 꼭 가식적이거나 거짓은 아니다. 적어도 내가 말하려는 아첨은 그렇지 않다. 그저 마구 칭찬을 쏟아내는 것이라고 생각하지 말고 사랑 혹은 긍정적 에너지를 주는 것이라고 생각하자. 동의할 수 없는 관점과 견해를 가진 사람을 칭찬하자는 말이 아니다. 대화가 심각해지기 전에 살짝 비위를 맞춰주자는 말이다.

모임의 주최자인 밥의 친구 카를로스를 소개받았다고 가정해 보자. 아마 우리는 바로 이렇게 말할 것이다. "아, 당신이 카를로스군요? 밥에게 좋은 얘기 많이 들었습니다. 만나서 정말 반갑습니다!" 만약 누군가가 모임에 음식을 가져왔다면 반드시 대화 중에 맛있어 보인다거나 기가 막히게 맛있다(먹어볼 기회가 생긴다면)거나 혹은 제일 좋아하는 음식이라고 언급하자. 상대방이 안경이나 스카프, 모자, 머리

핀, 넥타이, 멋진 시계를 하고 있다면 얼마나 멋진지 말해 주자. 그리고 어디에서 샀는지 물어보자. 아첨을 할 때에 꼭 거짓을 말할 필요는 없다. 그냥 긍정적으로 말할 수 있는 것들을 찾아보자.

다들 칭찬을 좋아한다. 특히나 칭찬이 진심으로 보인다면 말이다. 칭찬을 받은 사람은 우리를 따뜻하게 대해 줄 테고 우리를 좋아하게 될 것이다. 2012년 일본 국립생리학연구소는 칭찬의 효과에 대해 연구했고, 그 결과 칭찬의 효과가 현금을 받는 효과와 맞먹는다는 사실을 밝혀냈다. 일단 상대방이 우리를 좋아하면 우리가 하는 말에 좀 더 수용적인 태도를 취할 것이고, 그런 상태에서 대화를 주고받다 보면 화를 내기가 조금은 어려워질 것이다.

하지만 절대 해서는 안 되는 몇 가지 기본적인 아첨이 있다. 보통 여성이 다른 여성의 옷이나 신발을 칭찬하는 것은 괜찮다. 하지만 남성이 여성의 옷이나 몸매를 칭찬해서는 절대 안 된다. 남성들은 안경이나 모자와 같은 액세서리를 칭찬해야 한다. 누가 봐도 진심이 없는 칭찬은 하지 말자("당신처럼 똑똑한 사람은 본 적이 없어요."). 그리고 자기 잇속만 차리는 칭찬도 하지 말자("밥이 그러는데 당신과 내가 똑같다더군요. 당신도 모임의 주인공이군요.").

긍정적인 에너지 발산으로 두려움과 분노라는 잡초를

제거하고 성공적인 대화가 번성할 수 있는 비옥한 땅을 만들 수 있다는 사실을 기억하자. 상대방에게 긍정 에너지를 주면 긍정 에너지를 되돌려 받을 가능성이 커진다. 그리고 긍정 에너지는 서로 의견이 일치하지 않더라도 대화를 즐겁게 만들어 준다.

우리가 가진 사랑의 빛을 상대방에게 비춰주자. 오프라 윈프리나 그 비슷한 이야기처럼 들릴지 모르지만 사랑은 실제로 가장 위대한 무기이다.

양보를 통해 더 강해질 수 있다

어느 날 아침 친구인 데이비드가 전화를 걸어 전날 밤 동료의 집들이에 갔다가 어처구니없는 일을 겪었다고 했다. 데이비드는 그곳에 온 많은 사람들을 알지 못했다. 어찌어찌하다가 한 남자, 한 여자와 대화를 시작했다. 그런데 갑자기 어색한 침묵이 흘렀다. (친구말로는 그 침묵이 영원할 것 같아 무엇보다 끔찍했다고 한다.) 공백을 메우고 싶어 어쩔 줄 모르던 가운데 데이비드는 우연히 흘러나오던 음악이 〈자기야, 밖이 추워요〉라는 걸 알아차렸다. 그 노래는 그의 아버지가 좋아하는 조니 머서 음반에 있던 곡이라서 별 뜻 없이 자신이 좋아하는 노래라고 말했다.

순간 여자가 어찌나 차갑게 쏘아보던지 데이비드는 기절할 뻔했다. "이 노래는 데이트 강간에 관한 노래예요. 금지되어야 할 곡이라고요." 그녀가 쏘아붙였다. 방금 전까지만 해도 여름휴가 계획에 대해 이야기를 나누며 분위기가 좋았던 탓에 데이비드는 깜짝 놀랐다. 결국 데이비드는 미안하다고 얼버무리며 그 자리를 떴다. 그러곤 기분이 몹시 상해 집으로 돌아왔다.

생각해 보면 그 노래의 가사가 어떤 사람에게는 문제가 될 수 있을 것 같았지만(데이비드는 집으로 돌아와 유튜브로 다시 들어보았다) 그가 보기엔 악의가 있는 건 아니었다. 물론 그녀의 말도 일리는 있었다. 요즘 같으면 성 착취로 볼 수 있는 상황을 노래가 가볍게 다루고 있으니 "안 돼는 된다는 말이야."라는 사고에 일조하는 셈이었다. 단지 음악이 로맨틱하고 가수들이 즐거워 보이는 것 같다고 해서, 수 세기 동안 주입된 성차별을 반영하지 않는다곤 할 수 없었다. 하지만 최근 들어 몇몇 페미니스트들은 이 노래에 대해 다른 주장을 내놓았다. 가사를 유심히 들어보면 분명 여자는 자발적으로 하룻밤을 허락하고 싶어 했고, 그 시대 도덕성에 맞서 싸우고 있었다. 그들은 여자 스스로 남자와 섹스를 할지 말지를 선택한다는 생각은 시대상황으로 보건대 혁신적이라고 주장하고 있다. 이 노래가 75년 전 노래라는 걸 잊지 말자.

도리스 데이의 영화라든가 50년대 뮤지컬, 혹은 나보코프의 소설처럼 과거에 쓰인 모든 장르들이 오늘날 만들어졌더라면 끔찍하리만치 불쾌하게 여겨졌을 것이다. 그게 당연한 일이기도 하다. 누군가는 이러한 것들이 우리 문화사의 일부이며 상황상 가감해서 받아들여야 한다고 주장할 수도 있다. 프랭크 로서는 1944년 아내 린 갈랜드와 함께 뉴욕에서 있을 공연을 위해 〈자기야, 밖이 추워요〉를 썼다. 로서는 이 노래를 영화제작사인 MGM에 팔았고 이어 영화 〈넵튠의 딸〉에 노래가 삽입되었다. 영화 속, 둘이 같이 부르는 노래의 후반부에 여자가 남자를 유혹하는 장면이 나온다. (레이디 가가와 토니 베넷은 2015년 공연에서 '고양이'와 '쥐'로 역할을 바꿔 이 노래를 멋지게 리메이크했다.)

이 이야기를 자세히 하는 이유는 이 일화가 바로 사람들이 이 노래에 대해 나눌 수 있는 구체적인 대화이기 때문이다. 위에서 언급한 예시에서 문제는 여자의 의견이 아니라 그것을 표현하는 방식에 있다. 이것은 관련 사실을 다 알고 나면 마음을 바꿀 수도 있는 문제였다. 하지만 데이비드는 일단 공격을 받았다고 느꼈고 그러다 보니 마음을 바꿀 수 있는 기회는 일어나지 않았다. 별생각 없이 던진 데이비드의 말에 그녀가 보인 반응으로 보건대 그녀는 이 주제에 대해 지적인 측면에서 토론할 생각이 없었다. 게다가 데이비드는 혹시라도 대화가 불쾌하게 번질까 봐 두려워 도망치고 말았다.

이 사건의 주인공 가운데 하나라도 대화 중에 태극권 원리를 사용했다면 좋았을 텐데.

태극권은 너그러움과 여유로움을 끄집어내는 정신수양 법이자 무술의 일종이다. 사실, 내 태극권 사부가 늘 말하던 것 가운데 하나가 고양이처럼 걸으라는 것이다. 태극권의 기본이 몸의 긴장을 푸는 것이듯 잘 어울리는 법을 배우는 것은 상당부분 두려움을 극복하는 것과 관련 있다. 아집과 적대감은 불편한 상대와 성공적으로 어울리는 데 있어 유일한 장애물이다. 우리가 공격처럼 느껴지는 것에 직면했을 때 이 중요한 양보 원칙을 기억한다면 큰 도움이 될 것이다. 누군가 우리를 밀친다고 해서 우리도 밀치진 말자. 관대해 지자. 마음을 가라앉히고 느긋해지자. 여기서 한 가지 중요하게 구분해야 할 것은 이것은 '굴복'이 아니라는 것이다. 논쟁에 있어 주장을 굽히는 것과는 다른 문제다. 이것은 상대방의 힘을 역으로 사용하는 것과 흡사하다. 우리는 굽힌 것이지, 결코 부러진 것이 아니다. 주먹이 날아오기도 전에 재빨리 몸을 피하는 무협 영화를 상상해 보자. 겉으론 굽히고 양보했지만 속으론 우리가 믿는 바를 굳게 믿고 있다. 이 원칙을 데이비드가 처했던 상황에 적용해 보자.

그랬다면 아마 데이비드는 여자가 자신을 개인적으로 공격하려는 것이 아니라, 그저 그 노래에 대해 그런 식으로 반응하는 경향이 있다는 사실을 금세 알아차렸을 것이다. 먼저 여자의 말을 인정하고 "아! 기분 나쁘게 할 생각은 없었어요. 왜 그런 해석을 하는지 알 것 같네요."라고 말했을 것이다. 그러곤 "너무 익숙한 노래라 가끔씩 가사에 대해 생각조차 안 하지 뭐예요. 그래도 당신의 생각을 말해주다니 감사해요. 저는 좀 다르게 생각하지만 당신 말을 들으니 한번 더 생각해 봐야겠어요."라며 부드럽게 응수했을 것이다.

여자 역시 순간적으로 태극권 모드를 취했다면 이렇게 반응했을 것이다. "예, 고마워요. 생각해 볼 만한 일이에요. 이 노래가 크리스마스 대표곡인 것도 알고 음악도 좋지만 가사가 음흉해요. 우리가 보고 자란 모든 오래된 유혹 장면들이 마음속에 깊이 뿌리박혀 있어 지금도 성차별 현상이 발생하는 데 큰 역할을 하고 있어요. 이 문제에 대해 한 번 더 생각해 보겠다니 고맙습니다."

여자의 말에 데이비드는 이렇게 말했을 수도 있다. "정말 그럴게요. 하지만 이 노래를 들었을 때 여자가 남자와 사랑에 빠졌고 그래서 하룻밤을 보내고 싶어 한다고 생각하지 않았다면 이 노래를 좋아하지 않았을 거예요. 뭔가 두 사람이 합의한 게 아니라고 생각했다면 좋아하지 않았을 거예요. 두 사람 모두 같은 생각인 데다 즐거운 시간을 보내고 있다고 생각했어요."

이제 여자는 굴복이 아니라 한 발짝 양보하며 이렇게 말할 것이다. "그럼 다행이네요, 데이비드. 우리가 할 수 있는 일은 사물을 똑바로 보도록 노력하는 것이죠. 내가 하고 싶은 말은 남자들은 항상 여자들이 허락할 거라고 생각한다는 거예요."

대강 이런 식으로 대화가 이뤄질 것이다. 적대감은 없다. 양보를 통해 더 강해진다. 브루스 리가 말했다. "가장 강한 자는 적수의 강점을 이용하는 자다. 바람이 불면 휘어지는 대나무가 되자. 대나무는 바람이 그치면 전보다 더 강하게 튀어 오른다."

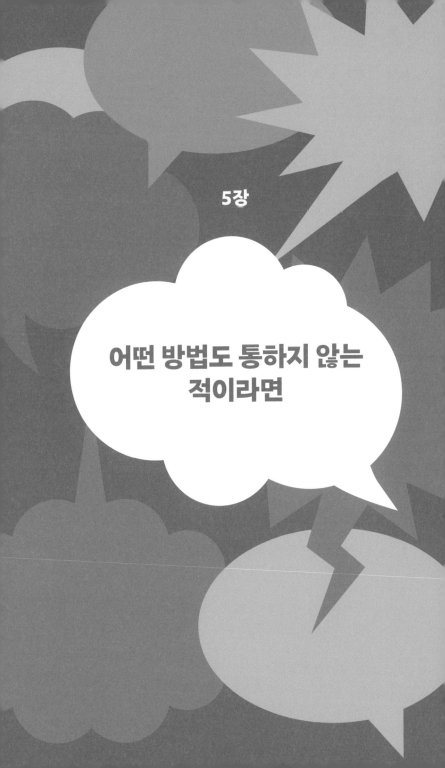

5장

어떤 방법도 통하지 않는
적이라면

이성의 사용을 포기한 자와 논쟁하는 것은
죽은 자에게 약물을 투여하는 것과 같다.

– 토머스 페인

불편한 상대와 어울려야 하는 모임에서 때로는 공감도, 아첨도 효과가 없을 때가 있다. 논란이 많은 문제를 감당할 수 없거나 토론조차 하고 싶지 않은 누군가와 부딪칠 때가 그런 경우다. 그보다 사무실이나 직장 모임에서 대화를 나누다가 지나친 적개심이 생기는 경우가 더 심각하다. 문제는 이런 경우가 계속 증가한다는 데 있다. 하지만 추악한 논쟁을 제일 하고 싶지 않은 곳이 바로 직장이다.

요즘같이 불붙기 쉬운 시기에는 본인이 원하는 방식으로 불을 끄고 피울 수 있는 자신만의 창의적인 생존비책을 가지고 있는 것이 도움이 된다. 어디서든 능숙하게 잘 어울리는 사람들이 그렇듯 스스로를 구하고 상황을 모면하기 위해 약간의 화려한 발재간을 쓰는 것은 괜찮다. 하지만 그 이상을 넘어서는 안 된다.

난감한 상황을 수습하는 스토리텔링

얼마 전, 친구 사만다는 자신의 친구 딸인 카야의 고등학교 졸업을 축하해 주기 위해 점심 뷔페모임에 갔다. 자리가 하나밖에 남지 않아 어쩔 수 없이 모르는 여자 옆에 앉게 되었다. 졸업식으로 시작된 둘의 대화는 교육 전반에 관한 이야기로 이어졌다. 사만다는 그녀에게 자신이 차터스쿨* 지지단체 회원이며, 그 지역에도 새로운 차터스쿨이 개교하기를 바란다고 말했다.

그 말에 여자는 몹시 화를 내며 포크를 떨어뜨렸다(포크가 카펫에 떨어지는 바람에 마카로니와 치즈 얼룩이 남고 말았다). 여자는 차터스쿨이 공립학교의 자금과 학생들을 빼가고 있으며, 누구도 책임지지 않는 데다 근본적으로 공교육을 사유화하는 방식이라고 주장했다. 그녀는 목소리를 높이며 차터스쿨은 사립학교의 혜택을 늘리는 '약치기'에 지나

---

* 주정부의 지원을 받아 교사, 부모, 지원단체가 운영하는 자율형 공립학교로 운영방식은 공립학교에 가까우나 사립학교의 특성을 지닌다.

지 않으며 정부의 공교육 개혁정책을 무산시키는 역할만 할 뿐이라고 주장했다.

사만다는 차터스쿨이 기존의 많은 공립학교 운영규칙을 따르고 있고 실제로 많은 보고서에 따르면 차터스쿨의 존재기 근처 공립학교의 학업성취도 향상에 기여했다고 말하며 자신의 입장을 이해시키려 했지만 헛수고였다. 사만다는 특히 도시지역 저소득층 학생들이 차터스쿨을 다니며 발전된 모습을 보였다고 말했다. 하지만 여자는 점점 소리를 높였고 토론은 지나치게 과열되었다. 결국 사만다는 스토리텔링 모드로 전환했다.

먼저 화제를 바꿔 이렇게 말했다. "그건 분명히 복잡한 문제입니다. 카야 얘기로 돌아가서 카야와 제 딸이 우리를 위해 다섯 가지 코스로 저녁을 준비하다가 집을 태울 뻔했다고 얘기했던가요?" 그녀는 메뉴에는 어떤 것이 있었고 주방용 장갑과 앞치마에 불이 붙어 까맣게 타버렸다며, 잠시도 쉬지 않고 그 일에 대해 길게 늘어놓았다.

확실히 이 같은 생존전략이 효과를 거두기 위해서는 두서너 가지 상황에 맞는 이야기를 준비해 두어야 한다. 공격받고 있다고 느낄 때에는 적당한(보다 의미 있고 긴) 이야깃거리를 떠올리기가 어려울 수 있다. 그래서 나는 상황에 따라 이야기를 전환하는 데 써먹을 수 있는 일반적인 이야깃거리를 미리 두서너 개 정도 생각해 두려고 한다.

여담으로 한 가지 이야기하자면, 자리를 잡고 앉을 때 불편한 상대를 피하기란 물리적으로 매우 어려운 일이다. 자리에서 일어나는 일은 두 사람 모두 서있을 때 슬쩍 자리를 피하는 일과는 또 다르다.

교활하지만 유용한 대화의 위장술

때로는 처음부터 본색을 드러내는 것이 도움이 되지 않는다. 내 입장을 이해시키는 면에서 본다면 가끔은 본색을 숨기는 것이 도움이 되기도 한다. 대부분의 사람들은 반대편과 맞닥뜨렸을 때 자신도 모르는 사이에 더 많이 반응하고 더 많이 자기변호를 하며 더욱 완강히 자신의 관점을 고수하려는 경향이 있다.

대화의 위장술 이면에는 상대방과 관계를 맺기 위해 그들의 관점으로 옮겨간 뒤에(그렇게 하지 않으면 상대방은 우리의 말을 전혀 듣지 않을뿐더러 바로 거부할 것이다), 이상적으로는 그들을 우리의 입장으로 슬며시 데려온다는 생각이 있다. 어떻게 보면 처음에는 거짓말을 하는 것이나 다름없으니 다소 교활하다고 할 수 있다. 하지만 종종 생각의 전환을 시도할 때에 이 방법은 매우 유용하다. 그러다 보면 사람들이 경계를 늦추는 경향이 있다.

한 가지 예로 여러분이 프래킹*을 강력하게 반대한다고 해 보자. 누군가와 대화를 시작했는데 상대방이 프래킹을 선직으로 찬성하는 입장임을 처음부터 눈치챘다. 다음은 '대화의 위장술'을 사용하고 있는 가상의 대화다.

남자: 저는 프래킹의 위험성에 대해 떠들어대는 사람들을 참을 수가 없어요. 제 동생이 노스 다코타에 살고 있는데 프래킹이 지역경제에 큰 도움이 된다고 하더라고요. 그곳은 천연가스의 아주 훌륭한 공급원이죠. 천연가스가 없다면 석탄을 더 많이 태워야 합니다. 그러면 사람들은 그것에 대해 불평하겠죠.

당신: 맞아요, 많은 사람들이 전체 그림을 보지 못하는군요.

남자: (남자는 상대방이 적이 아니라고 생각해서 차분해진다.) 제 말은 깨끗한 에너지 같은 건 없어요. 모든 에너지 추출 과정에는 위험이 따르기 마련이죠.

• 암석지층에 갇혀있는 가스를 추출하는 방법으로 지하수를 오염시켜 논란이 일고 있다.

당신: 네. 제가 듣기로는 프래킹이 때로는 지진을 유발한다고 하더라고요. 하지만 대체로 작은 지진이겠죠. 어쨌든 다른 나라에서 수입하지 않아도 되는 에너지가 필요한 건 분명합니다.

남자: 맞습니다. 제 말은 많은 사람들이 프래킹에 지나치게 반대한다는 겁니다. 곳곳에서 시위를 벌이고 있죠. 하지만 겨울철 난방에 필요한 연료가 있으면 분명 좋아할걸요.

당신: 물론이죠. 프래킹 작업이 진행되는 지역 근처에 사는 주민들의 건강문제에 대해 많은 주장들이 있지만 말이에요. 인정하긴 싫지만 사실 그들의 주장이 꽤 일리가 있는 것 같아요. 게다가 주방 싱크대에 물을 받아 불을 지르는 몇몇 비디오를 보니 끔찍하던걸요. 당신도 보셨죠? 걱정은 좀 되네요.

남자: 글쎄요, 진짜 믿을 만한 증거가 있을진 모르겠지만……

당신: 생각해 보면 이 나라가 새로운 것을 발명해 내는 능력도 뛰어나고, 또 많은 사람들이 우주를 기반으로 한 태양열 발전이라든가 풍력, 조력과 같은 것들을 개발 중에 있으니 프래킹보다 인간과 지구에 덜 해로운 무언가를 찾을 수도 있지 않을까요?

이의를 제기하는 가장 우아한 방법

수년 전, 나는 한 영업 교육 세미나에 참석했었다(무슨 일로 그곳에 갔는지는 기억나지 않는다). 그 워크숍에서 들은 판매 전략 가운데 딱 한 가지가 마음에 와닿았다. 바로 '일시 정지'였다. 일시 정지 전략은, 특히 전화로 누군가에게 무언가를 판매하고자 할 때 특정 시점에 이르러 말을 멈추는 것이다. 완전히. 상대방이 무슨 말을 하든지 간에 말을 하다가 완전히 침묵 속에 있어야 한다. 침묵은 사람들을 매우 불편하게 만들고 사람들로 하여금 공백을 채우기 위해 계속 말을 하게 한다. 이런 식으로 물건을 사게끔 하는 것이다. (물론 그러고 나서 다시 말을 시작한다.)

1년 전쯤, 한 친구의 초대로 여러 세대가 함께 모인 자리에 갔다가 다시 한번 이 전략을 사용하게 되었다. 그날은 새해 첫날을 맞아 브런치를 먹는 자리였고, 나는 안주인과 아주 가까운 사이로 초대받은 몇 안 되는 외부인 가운데 하나였다. 대략 20명 정도의 사람들이 모여 있었고 개중에는 나이가 많은 친척분과 사촌들도 두서너 명 있었다.

서너 명씩 둥그렇게 둘러앉아 블러디 메리를 홀짝이고 있는데 대화가 술 이름의 유래로 흘러갔다. 한창 메리 튜더—영국 여왕으로 블러디 메리가 이 여왕의 이름에서 유래된 것으로 추정된다—에 관해 이야기하던 중에 친척 가운데 75세의 한 남자가 로저스와 해머스타인의 뮤지컬 〈남태평양〉에 등장하는 '블러디 메리'라는 인물을 언급하며 인종차별적인 발언을 했다. (이 이야기에 나오는 블러디 메리는 베트남 사람이지만 흑인 여배우가 연기하곤 했다.) 여기서 그가 한 말을 언급하지는 않겠다. 그는 농담으로 한 말이었지만 전혀 재미있지 않았다. 내 생각으론 우리 테이블에 앉아있던 한두 명 정도가 웃는 척을 했던 것도 같다. 그는 내 맞은편에 앉아있었고 그 말을 하면서 나를 쳐다보았다. 그전까지 그가 하는 말에 미소로 반응했기에 내가 수용적인 청중이라고 생각했던 모양이었다.

나는 몹시 놀랐다. 한편으론 그를 꾸짖고 밖으로 불러내 인종차별주의자라고 말하고 싶었다. 하지만 친구의 가까운 사람들이 모인 자리에서 그런 행동은 적절하지도 바람직하지도 않다고 생각했다. 그럼에도 불구하고 어떤 식으로든 그런 발언은 해서는 안 된다고 알려주고 싶었다. 그래서 나는 그를 비난하는 의미로 조금도 웃지 않았다. 그의 시선을 외면한 채 정면을 응시했고 아무 말도 하지 않았다. 어색한 침묵이 흐르자 그는 장난처럼 나를 쿡쿡 찌르더니 "어떤 사람들은 내 말이 불쾌하다고 생각할지도 모르겠군요."라고 말했다. 하지만 이번에도 나는 아무 말도 하지 않았다.

이러한 행동을 '무시'라 부르는 데에는 그럴만한 이유가 있다. 침묵은 매우 강력하다. 체 게바라의 말처럼 "침묵은 다른 방식의 논쟁"이다. 내 침묵에 그 남자는 당황해했다. 그가 그 같은 말을 다시 꺼내려 한다면 그전에 머뭇거릴 거라는 생각이 늘었다. 나는 가족 앞에서 그를 모욕하거나 시끄러운 논쟁을 일으켜 자리를 망치지 않았다. 그 남자는 틀림없이 내 침묵의 핵심을 이해했을 것이다. 때로는 침묵을 통해 찬성할 수 없다는 것을 조용히 그리고 효과적으로 표명할 수 있다. 상황이 적절하다면 침묵은 책임회피가 아니다. 자신의 원칙을 저버리는 것도 아니며 실제 정면으로 맞서는 것도 아니니 소란이 발생하지도 않을 것이다. 때로는 적극적으로 맞서면 상대방이 오히려 더 완강하게 버티며 자신을 방어한다. 불쾌하게 만든 사람이 침묵을 전혀 신경 쓰지 않거나 술에 취했거나 혹은 돌에 맞지 않은 이상 침묵은 이의를 제기하거나 화를 내는 것보다 상대방을 더 불편하게 만든다. 가끔은 침묵이야말로 가장 시끄러운 메시지가 아닐까 싶다.

유머는 훌륭한 도구다

유머는 스트레스가 많은 사회 상황에서 생명을 살리는 약과 같다. 여러 연구들이 유머가 긴장을 풀어주고 두려움을 물리치고 공격성을 줄이고 다툼을 피하도록 도와준다고 밝혔다. 즐거운 감정은 전염성이 있어 사회적 긴장을 해소하는 데 종종 이용되곤 한다. 한 예로, 농담은 대화의 흐름을 끊어(긍정적인 면에서) 논쟁 밖의 삶에 대해 생각하게끔 한다. 또한 화를 누그러뜨리기도 한다. 이것은 마치 긴장으로 팽팽해진 전선을 탁하고 끊어버리는 것과 같다. 두 사람이 논쟁을 벌이면 진지하고 (잘 하면) 논리적인 설전이 오고 간다. 하지만 농담을 던지면 그것은 비논리적이므로 마치 차가운 물을 튀기듯 잠시나마 상황을 중단시켜 싸움을 멈추게 한다. 유치하든 재치 있든 유머는 뜻밖의 선물이 될 수 있다.

하지만 재앙이 될 수도 있다. 농담을 잘못하면 상황이 더 악화될 수도 있기 때문이다. 따라서 신중을 기해야 한다. 유머가 통하면 종종 두 사람 모두 웃을 테고 다른 이야기로 대화를 이어갈 수 있다. 혹은 유머 덕분에 서로 기분 좋게 헤어져 다른 대화 상대를 찾을 수도 있다. 토론 중에 두 사람 모두 화가 났다는 것을 서로 기분 나쁘지 않게 놀릴 수 있는 농담이야말로 최고의 농담이라 할 수 있다.

다들 잔뜩 긴장한 순간에는 형식적인 농담을 받아들일 만큼 쿨하지 않다는데 주의해야 한다. 자신이 없다면 형식적인 농담은 던지지 말자. 그럴 땐 재치 있는 말이 최선의 방법이다.

아무 때나 사용할 수 있는 짧은 농담

다음에 소개할 짧은 농담은 대화가 지나치게 격렬해질 때 사용하면 좋다. 자신의 스타일과 성격에 따라 어떤 종류의 농담이 가장 적합한지 찾아보자. 물론 다들 그때그때 대화에 맞는 농담을 하겠지만.

"언젠가는 이 상황을 되돌아보며 소심하게 웃고 주제를 바꾸겠지요."

"저런, 당신이나 내가 약 먹을 시간이네요."

"그건 제가 아니라 제 안에 들어있는 상처 입은 아이랍니다."

"당신이 침대에 있었어야 할 날이 얼마나 되는지 아세요? 저는 1년 내내 그런 생활을 하고 있습니다."

"그만 싸우는 게 좋겠어요. 사람들이 우리가 부부인 줄 알겠어요."

물론 긴장을 풀기 위해 던진 농담이 완전히 실패할 수도 있다. 만약 한 번 더 실패를 감당할 만큼 용기가 있다면 다음과 같은 실패 복구 농담을 시도해 보자.

"죄송해요. 누가 제 농담 면허증을 가져가야 할 것 같아요."

"그럴 수도 있지. 농담으로 어색한 분위기 좀 날려보려다 그렇게 된 거예요."

"죄송해요. 제가 웃음 담당 뼈가 없이 태어났거든요. 그런데 대신 심은 뼈가 잘 작동하지 않는 것 같네요."

분위기가 경직됐을 때

자기비하가 왜 재미있는지 그 이유를 정확히 설명하긴 어렵다. E.B. 화이트 E.B. White는 다음과 같은 말로 유명하다. "유머를 분석하는 것은 개구리를 해부하는 것과 같다. 그 과정은 개구리도 재미도 모두 그 본질을 죽인다. 그러면 무슨 소용이 있겠는가?" 하지만 자기비하 유머가 대화에 있어 연고 역할을 하며 특히 스트레스가 많고 경쟁이 심한 데다 위계질서가 분명한 사무실 상황에 도움이 된다는 데에는 의심의 여지가 없다. 랜드스타드 미국지사가 실시한 연구에 따르면 직장인 72%가 직장 내에서 토론이나 논쟁이 과열되면 스트레스와 불안을 느낀다고 대답했다. 자기비하 유머는 우리를 약한 존재로 만들어 우리가 가진 힘의 일부를 상대방에게 넘겨줌으로써 상대를 편하게 만든다. 시애틀 대학교 연구원들에 따르면 상사가 자기비하 유머를 사용하면 특히 더 효과가 있다고 한다.

이런 상상을 해 보자. 우리는 중간관리자이며 우리 부서가 중요한 일의 마감기한을 지키지 못하고 일정이 늦어지자 다들 신경이 곤두서 있는 상태였다. 그러던 중 나와 직원 한 사람이 간단히 식사를 하기 위해 회의실에서 휴식을 취하다가 어느새 논쟁적 이야기를 하게 되었다. 우린 서로 입장이 달랐고 어느새 반감으로 분위기가 어두워지고 있었다. 이럴 경우 나는 이렇게 말할지도 모른다. "이런, 나 좀 봐. 내가 지금 무슨 말을 하는지조차 모르겠군. 너무 열을 냈더니 나한테 케첩을 발라야 할 지경이야." 혹은 "이봐, 신경 쓰지 마. 가끔씩 나는 〈언론과의 만남〉을 진행한다고 착각한다니깐."

빈정거림에는 진심인 척

빈정거림은 재미있어야 하는데 보통은 비열하다. 종종 공격처럼 느껴질 수도 있다. 다음번에 누군가가 우리를 향해 빈정거리는 말을 던진다면 진짜 문자 그대로 대답해 보자. 가령, 누군가가 몹시 빈정거리며 "그래, 좋은 생각이네.

아주 가진 것 다 털어 전 세계를 먹여 살리자고."라고 말한다면 아주 순진하게 "글쎄, 우리가 전 세계를 먹여 살릴 순 없을 거야. 하지만 그 일부라도 먹여 살리고 싶어."라고 대답하는 거다. 혹은 "당연하지. 왜 못해? 다시는 황인종이 우리나라에 들어오지 못하게 해야지."라고 말한다면 "피부색과 종교를 막론하고 반드시 모두 합법적인 절차를 걸쳐 이민을 오거나 망명을 요청하게 해야 해."라고 응수하는 거다. 이때 상대방 말에 진심인 척 아주 태연하게 응수하는 것이 관건이다.

절대 빈정거림에 빈정거림으로 맞서지 말자. 그것은 논쟁을 더욱 가열시킬 뿐이다. 물론 문자 그대로 대답하는 것은 위험하다. 상대방이 빈정거리며 가시 돋친 말을 퍼붓는다면 화제를 바꿀 준비를 하거나 아예 그 사람에게서 벗어나는 게 좋다.

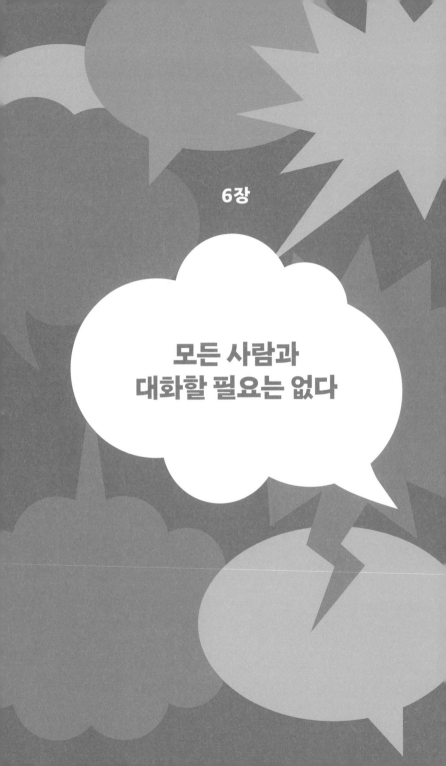

6장

모든 사람과
대화할 필요는 없다

서로 의견교환을 멈추도록 특별히 노력해야 한다.
그래야 약간의 대화를 나눌 수 있다.

- 마크 트웨인

때로는 실행 가능한 선택이라곤 어떻게 해서든 대화에서 도망치는 것뿐일 때가 있다. 일단 대화의 방향을 참을 수 없으면 기본적으로 공통점을 찾거나 화제를 완전히 변경하거나 그 사람에게서 완전히 벗어나야 한다.

"이런 상황이라면 바로 자리를 뜨는 것이 상책 아닌가요? 이념적 난국에 다다라 이제 막 싸움으로 치달을 게 뻔한데 왜 대화를 해야 하죠?"라고 물어보는 이가 있을지도 모르겠다. 자리를 뜨기보다 주제를 바꾸는 것이 바람직하거나 필요한 데에는 몇 가지 이유가 있다. 우선 한 가지 예로, 참석한 저녁 모임이 옴짝달싹도 할 수 없는 자리일 수 있다. 그럴 경우 상대방과의 대화를 완전히 피하는 일은 지나치게 무례할 수 있다. 또는 상대방이 사업상 필요한 사람이라든가, 친한 친구의 친구 혹은 새 이웃인 경우처럼 여러 이유로 이러지도 저러지도 못할 때가 있다. 이보다 더 기억해야 할 것은 많은 경우 대화가 긴장국면으로 접어들 때 상대방이나 모임에 모인 사람들과의 대화가 즐겁거나 가치 있을 수 있다는 것이다. 단지 일시적으로 논쟁에 빠졌다고 해서 문제의 조짐이 보이자마자 겁을 먹고 그 자리에서 도망치고 싶지는 않을 것이다.

알다시피, 눈앞에 놓인 불쾌감에서 주의를 딴 곳으로 돌리는 일이 획기적인 생각은 아니다. 딸랑이의 발명 이후 사람들은 이런 식으로 갈등을 피해왔다. 하지만 논쟁적 문제에 대해 서로 일치하지 않는다는 사실 자체가 대화의 걸림돌일 이유는 없다는 것을 기억해야 한다. 때로는 깜짝 놀랄 만한 일이 일어나기도 한다. 완전히 다른 문제에 대해서는 의견이 찰떡같이 맞아떨어질지도 모르는 일이다. 대통령 문제에 관해선 격렬하게 부딪치는 사람이 맥주 제조라든가 양봉 혹은 불에 달구어 그림을 그리는 납화법에 대해서는 똑같은 열정을 (그리고 그러한 것들에 대해 말하고 싶은 마음도) 가지고 있을 수도 있다.

다음에 소개될 주의를 분산시키고 화제를 돌리거나 단념시키고 감정을 누그러뜨리고 완화시키는 여러 방법은 아마 친숙할 것이다. 때로는 그 사람을 떠나 다른 대화 상대를 찾는 것이 관련된 모든 사람들에게 최선책일 수도 있다. 하지만 주제전환 방법과 탈출 기술을 쓰기 전에, 혹은 곧 닥칠 대화 재난사태에 대비해 비상용 낙하산 줄을 건네기 전에, 심지어 상황이 과열될 때조차도 아직 상대방과 공통점을 찾을 수 있는 가능성이 있다는 사실을 꼭 말해 주고 싶다.

공통점의 섬으로 헤엄쳐 가자

많은 사람들이 공통점 찾기가 칭찬할 만한 목표라는데 동의한다. 하지만 논쟁이 한창 심각해지고 스스로 옳다고 단단히 믿고 있으며 짜증과 분노가 치밀어 오르는데 정확히 어떻게 이 목표를 달성할 수 있을까? 도대체 누가 양보를 하고 싶겠는가?

공통점은 다소 왜곡되었다. 어떤 사람들은 그 말을 애매한 타협 혹은 중요한 입장을 포기하는 것으로 이해한다. 하지만 우리는 지금 정책 수립이 아닌 어울림에 대해 이야기하고 있다는 것을 잊지 말자. 사교모임에서 말하는 공통점은 의회에서 말하는 공통점과는 다르다. 그 영향이 광범위하게 미치지 않는다. 사교모임에서 대화는 일종의 기분전환으로 주목적은 오락, 지적인 자극, 혹은 직업 관련 인맥형성이지,

승리를 거두는 것이 아니다.

우리는 앞서 '동지와 적, 극성꾼'을 구분하는 법을 배웠다. 가령, 충분히 대화를 나누고 난 뒤 상대방이 어떠한 문제에 대해 정반대 입장(적)이라는 것을 알게 되었다. 하지만 특별히 비합리적이거나 전투적인 것 같지 않았다고 해보자. 그래서 조금 더 그 문제를 파고 들어갔고, 결국 난관에 부딪히게 되었다. 갑자기 상황이 불편해졌다. 교착상태에 들어선 듯하다. 이제 어떻게 해야 할까?

할 수 있다면 공통점을 찾아 나아가려고 노력해야 한다. 나는 그 과정을 '수영'에 비유하고 싶다. 수영은 노력이 필요하고, 잘 하려면 근육을 키워야 하고, 어느 정도 이동해야 하고, 우리 몸에 좋기 때문이다. 더군다나 종종 미친 듯이 허우적거려도 진전이 없는 것처럼 느껴질 때도 있다. 수영을 할 때처럼 일단 호흡법부터 기억하자. 긴장을 풀자. 상대방이 옹호하고 있는 것이 바보 같고 틀린 것 같다면 '틀린' 건 생각이지, 그 사람이 아니라고 스스로 되새겨 보자.

이때 한 가지 방법은 이야기 주제에서 뒤로 살짝 물러서는 상상을 해 보는 거다. 아니면 옆으로 한 걸음 비껴서는 것도 괜찮다. 예를 들어, 해결책에는 동의하지 않지만 문제점에 대해서는 동의할 수도 있는 법이다. 페이스북이나 트위터 같은 소셜 미디어상의 콘텐츠나 알고리즘의 구성과 규제

방식에 대한 정부의 간섭 여부에 대해서는 서로 반대 입장일 수 있지만 이 사이트들에 엄청난 양의 거짓정보, 선거조작, 민주주의에 해로운 혐오유포가 존재한다는 데에는 서로 동의할 수도 있다.

'공통점'이라는 말은 어디서 유래했을까? 가장 설득력 있는 어원은 역사적 배경에서 찾을 수 있다. 이 말은 수 세기 전 서로를 의심하던 사람들이 자신의 물건을 중간지역의 공터에 놓고 거래를 하던 관습에서 생겨났다. 한 집단은 무기를 가지고 숨어 있었고 다른 집단 역시 무기를 장착하고 합의한 지불금을 남겨둔 채 물건을 가져가곤 했다. 서로를 믿지 못하는 사람들이 거래를 하던 방식이었다. 참 유용한 비유라는 생각이 든다. 대화 중에 공통점을 발견하면 두 사람 모두 조심스럽더라도 대화 중에는 공격하지 않기로 합의하는 것이다.

공통점의 섬으로 헤엄쳐가는 것은 정확히 말해 주의전환 전술은 아니다. 단순한 주의전환 전술보다는 더 긍정적이다. 공통점을 찾는 것은 힘들지만 보람도 있다. 대화가 말로 하는 춤이라고 한다면, 공통점을 찾기 위해서 우리는 지금 진행 중이거나 이제 막 시작하려고 하는 논쟁에서 벗어나 도시도* 춤을 추어야 한다.

살짝 비껴가기

얼마 전 나는 브루클린에서 열린 한 저녁 만찬에 초대받았다. 손님들은 대부분 모르는 사람들이었다. 내 옆에 앉은 남자는 집주인의 형부로 아이오와에 있는 드레이크 대학교의 경제학 교수였다. 우리의 대화는 아이오와주의 혹독한 날씨 이야기로 흘러갔다. 당시 뉴스마다 최악의 홍수 소식을 보도했다. 곧이어 우리는 최근 들어 다른 지역에서 발생한 허리케인과 토네이도, 산불의 참상에 대해 이야기를 나누었다. "우리는 극한의 날씨를 경험하고 있다고 생각합니다. 지구 온난화가 일어나고 있지만 그것은 분명 인간이 저지른 일이 아닙니다." 교수가 말했다.

나는 내가 읽은 십여 개의 저널과 잡지가 모두 이를 반박하고 있으며, 향후 50년 안에 지구 온난화를 막기 위해 무언가를 하지 않으면 큰 어려움에 처하게 될 거라고 말했다. 그러자 그는 자료들이 매우 의심스럽다고 말하며 증거에 정치적인 의도가 있다고 했다. 그의 현학적인 태도로 보아 그

● 도시도(do-si-do)는 서로 마주 선 두 명의 댄서가 등을 맞대고 돌면서 추는 춤을 말한다.

와 그 문제에 대해 논쟁해봤자 달라질 게 전혀 없을 거라고 판단했다. 그 역시 같은 생각이었을 것이다. 우리는 기후 변화에 대해 공통점을 찾지 않았고, 나는 화제를 바꾸려는 시도를 했다.

분위기를 밝게 할 때 습관적으로 하는 가벼운 농담을 꺼낼 때가 되었다고 생각했다. "자, 외계인이 서둘러 내려와서 우리를 구해줘야 할 것 같은데요."

그러자 그가 따라 웃으며 말했다. "안타깝게도 외계인은 존재하지 않아요."

"무슨 뜻이죠?"

"내 말은 다른 행성에는 생명체가 없다는 거예요. 적어도 지적인 생명체는 없어요."

나는 와인잔을 내려놓고 그를 쳐다보았다. "저기요. 외계인이 우릴 구하러 온다는 건 농담이었어요. 하지만 다른 행성 어딘가에 분명히 생명체는 존재해요. 어떻게 없을 수가 있죠? 밤하늘을 올려다보세요. 우리 은하만 해도 100억 개의 별이 있어요. 더군다나 우주에는 수십억 개의 은하가 존재하죠. 지구에는 모래알만큼의 많은 별들이 있다고 합니다."

"실망시켜서 미안하지만, 최근 옥스퍼드대학교에서 실시한 연구에 따르면 알려진 우주 어디에도 다른 지적 생명체가 존재할 가능성은 희박하다고 합니다."

"우주 전체에요? 하지만, 하지만……." 나는 식식거리며 말했다. "어쨌든 우리가 유일한 존재라고 생각하는 것은 인간중심적인 자만심일 뿐이에요. 우주 전체에요? 그건 말도 안 돼요. 당신이 말하는 최근 연구는 모르겠지만 그 말은 태양이 지구 주위를 돈다고 믿었던 때 하던 말처럼 들리네요. 불과 몇 세기 전이었어요. 기술이 발전했어도 이 분야는 여전히 걸음마단계에 있군요." 그는 알겠다는 듯 고개를 끄덕이며 왜 많은 사람들이 진실을 받아들이려 하지 않는지 이해는 하지만 우주에는 우리뿐이라고 웃으며 말했다.

지나치게 흥분한 사람이 교수였다고 말하고 싶지만 애석하게도 솔직히 그건 나였다. 그 문제에 관해 지나치게 흥분하고 말았다. 내게 너무도 분명한 문제였기 때문이었다. 우리와 닮은 외계 문명이 있다거나 어떠한 외계 생명체를 만나게 될지는 몰라도 어딘가에 지적 생명체가 존재할 거라고 확신했다. 내가 보기엔 외계 생명체가 존재하지 않는다는 이론은 전적으로 우주 탐험과 발전된 문명과의 관계에 대한 인간의 추정(그들이 존재한다면 벌써 지구를 방문했을 거라는)에 근거하는 듯하다. 물론 실제 증거가 있는 것은 아니다. 어쩌면 내가 〈스타트렉〉을 너무 많이 봐서 그렇게 생각하는지도 모른다.

그 교수에 맞서 몇 분 더 열변을 토한 후 이것이 마치 종교 논쟁처럼 느껴진다는 사실을 깨달았다. 하지만 기후변화와 달리 이 주제는 주제에서 벗어나지 않는 범위 내에서 공통점을 찾아 살짝 비켜갈 수 있을 거란 생각이 들었다.

나는 그를 쳐다보며 말했다. "음, 한 가지는 양보할게요. 확실히 외계인 납치에 관한 모든 정신 나간 이야기들이 진짜가 아니라는 건 동의해요. 사람들이 찍은 UFO사진도 가짜지요. 그렇지 않다면 설명할 방법이 없거든요."(사실 나는 UFO사진에 관해서 수용적인 입장이다. 하지만 그 이야긴 하지 않기로 했다. 쉿!)

마침내 공통의 '섬'에 도착한 우리는 와인잔을 부딪치며 납치된 외계인들을 둘러싼 몇몇 이상한 주장들에 대해 이야기를 나누었다. 비록 나는 희망을 버리지 않을 생각이었지만, 외계인의 존재는 확실히 증거가 없다고 인정하며 둘 다 좋아하는 공상과학 영화에 대해 대화를 이어갔다. 덕분에 남은 저녁 시간이 재미있고 즐거웠다.

주제들 중에는 공통점을 찾기가 보다 수월한 후보들이 있다. 확실히 지구 온난화와 같이 심각하고 선동적인 현안은 공통의 섬을 찾아 헤엄쳐 나가기가 훨씬 더 어렵다. 물론 아무리 노력해도 공통점에 도달하기가 어렵게 느껴지는 주제들도 있을 수 있다. 적어도 20분으로는 쉽지 않다. 신념은 지키지 못하더라도 일종의 공통점을 찾을 수 있다면 사회적 관계를 맺는 데에 좋다.

같이 불평할 사람 찾기 혹은 공통의 '적' 찾기

일반적으로 사람들과 어울릴 때에는 가능한 긍정적인 것이 가장 좋다고 생각한다. 긍정적인 사람은 상대방을 기분 좋게 해 줄 뿐 아니라 대화의 흐름을 더 나은 방향으로 흘러가게 한다. 반면 같은 주제나 어떤 사람에 대한 불쾌감이나 두려움, 괴로움을 나눌 때에는 연대감을 경험할 수 있다. 또한 재치 있는 말에 불평불만이 담기는 것은 변하지 않는 사실이다. 따라서 다음번에 상반된 생각을 가진 사람을 만나게 된다면 분통을 터트리기 전에 두 사람 모두 싫어하는 사람을 찾아보도록 하자. 지역구 정치인도 좋고 뉴스에 나오는 유명인도 좋다. 아니면 두 사람 모두 끔찍하기 이를 데 없다고 생각하는 이번에 새롭게 국회를 통과한 법안들, 가령, 주차법이나 토지사용제한법, 도로 아래편에 새로 생긴 거대 쇼핑몰 관련 법안도 괜찮다. 쓰레기 수거차나 공사 때문에 두 사람 모두 잠을 이루지 못하는가? 공항에서 신발을 벗게 하는 교통보안청 조치에 화가 나는가?

부정적인 공통점을 찾을 때에는 지켜야 할 몇 가지 간단한 규칙이 있다.

- 내가 끔찍하다고 생각하는 것에 대해 상대방도 불평하고 싶어 하는지 반드시 확인해야 한다. 이야기를 꺼내고 대략 10초 후면 상대방이 '내 편'인지 아닌지 알 수 있다.
- 불만을 이야기할 때에는 늘 유머와 따뜻한 말투를 사용하도록 하자. 내가 느끼는 감정을 상대방도 공감하게끔 해야 하지만 결코 부정적인 감정을 모임에 안고 가서는 안 된다. 다시 말해, 어떠한 주제에 관해서 나와 입장이 같은 사람을 만나면 좋겠지만 모든 주제에 대해 부정적인 태도를 보여선 안 된다.
- 안타까운 마음을 드러내어 대화가 논쟁으로 이어지게 하지 말자. 물론 아무거나 싫어하는 주제로 대화를 시작해서는 안 된다. 두 사람 모두에게 '공통의 적'이 될 수 있는 주제는 이야기 중에 자연스레 나와야 한다.

다음의 예를 살펴보자.

두 사람이 업무상 모임에 참석했다. 대화는 예방접종 관련 논란으로 이어졌다. A는 예방접종에 반대 입장으로 신종 홍역 발생은 자녀들의 접종을 거부하는 사람들과 무관하고 백신에는 질병을 일으키거나 심각한 후유증을 유발할 수 있는 유해물질이 들어있으며 정부(혹은 대형 제약회사)가 어떤 치료를 하라 마라 할 권리는 없다고 주장했다. B는 예방접종은 국민 건강에 필수이며 백신을 맞고 병에 걸리는 경우는 매우 드물뿐더러 왜 위험한 질병으로부터 보호받지 못하던 시대로 돌아가려 하는지 이해할 수 없다는 입장이었다. 예방접종이 양극화된 논쟁거리인 것은 분명하다.

A: 나는 필수예방접종에 반대합니다. 그건 부모가 결정해야 할 문제라고 생각합니다.

B: 글쎄요, 저는 찬성하는 입장입니다. 국민 모두의 건강을 위험에 빠트리는 건 공평하지 않습니다.

(분위기가 어색해지고 대화가 잠시 중단된다.)

A: (공통의 '적'이 될 만한 것을 찾으며) 음, 때로는 예방접종이 상관없을 때도 있어요. 칸디다속 진균이라고 뉴욕과 뉴저지에서 발생한 곰팡이균에 대해 들어보셨어요? 듣자하니 이 병은 치료법도 없다고 해요.

B: 네, 끔찍하고 무서워요.

A: 맞아요. 정말 무섭지요. 도대체 그것을 어디에서 발견했을까요? 혹시 아세요?

두 사람의 대화는 그다지 유쾌하지는 않지만 그래도 용케 분쟁지역에서 벗어났다. 적어도 잠시 동안은.

(이 경우, 공통의 적은 실제 존재하는 질병이다.)

공통 관심사 찾기

공통점을 찾기 위해서는 때로는 특정 주제를 완전히 포기했다가 나중에 다시 돌아가야 할 수도 있다. 대화 중에 서로 동의하거나 적어도 이성적으로 토론할 수 있는 논쟁거리를 발견하게 될 수도 있다. 하지만 종종 논쟁거리에서 완전히 벗어나 공통의 생활방식을 찾아야 한다. 가령, 같은 전문 직종에 있는지, 아기가 있는지, 알레르기가 있는지, 아기를 몹시 싫어하는지 물어볼 수 있다. 어쩌면 같은 북클럽에 가입했을 수도 있고 같은 볼링 경기에 참여했을 수도 있고 매달 카드게임을 할 수도 있다. 어쩌면 둘 다 개를 좋아할 수도 있고 특정 휴양지나 특정 TV쇼를 좋아할 수도 있다. 같은 TV쇼를 좋아한다면 좋은 이야깃거리가 될 수 있다. 하지만 조심하자. 2장에서 언급했듯이 그것 역시 두 사람을 갈라놓을 수 있다.

일단 공통점을 통해 상대방과 연관성을 찾는다면 다른 주제들도 다루기가 훨씬 쉬워질 것이다. 대화가 잘 통할수록 우리는 상대방을 더 높이 평가하게 된다. 상대방이 화나게 하는 말을 하더라도 어떤 의미에서든 공통점을 찾으려 할 것이다. 연관성이 최고라는 사실을 명심하자.

하지만 위험한 대화에서 헤엄쳐 공통 관심사의 해안에 도달하려면 화제를 자연스럽고 매끄럽게 바꾸는 법을 알아야 한다.

자연스럽게 화제를 바꾸는 6가지 기술

적과 어울릴 때에는 대체로 상황이 아슬아슬하다 보니 공통점을 찾기가 어렵다. 하지만 분명한 것은 화제를 완전히 바꿔야 한다는 것이다. 물론 말처럼 쉬운 일은 아니다. 보통 상대방이 흥분해서 큰 소리로 빠르게 말하곤 하는데 이렇게 되면 화제를 바꾸기가 어려워진다. 다음은 화제를 바꾸는 데 유용한 기술들이다.

다리 놓기

다리를 놓을 때에는 원하는 대화의 방향을 정확히 파악해 그쪽으로 갈 수 있도록 연결 장치나 관련 주제를 찾아야 한다. 두 주제를 연결할 수 있는 모든 연결고리를 생각해 내고 그 가운데 하나를 선택해 '다리'를 만드는 것이다. 연결고리를 생각할 때 가장 좋은 방법은 나와 상대방이 현재 강한쪽에 있고 상대를 데리고 반대쪽으로 가고 싶다고 상상하는 것이다. 여기서 관건은 원하는 곳으로 데려다줄 다리를 건설하기 위해 어떤 재료를 찾느냐는 것이다.

패트리샤라는 한 여성을 인터뷰한 적이 있는데 그녀는 내게 다리 놓기 기술을 사용했던 곤란한 상황에 대해 들려주었다. 어느 날 그녀는 남편의 사업상 중요한 파트너가 연성대한 축하연에 참석했다. 그녀는 주최자의 언니 옆에 앉게 되었다. 그래서 행동에 각별히 더 신경을 써야만 했다. 저녁 식사를 하는 동안 주최자의 언니는 녹색당 후보인 질 스타인에게 투표하는 것이 유일한 선택이라며 거들먹거리기 시작했다.

그녀는 여러 가지 이유로 패트리샤의 핫 버튼을 눌렀다. 패트리샤는 치밀어 오르는 분노를 느꼈지만, 남편을 위해서 자신의 말 외에는 그 어떤 것도 받아들일 기미가 보이지 않는 그녀에게 화를 내서는 안 되었다. 패트리샤는 빨리 대화를 다른 방향으로 돌려야겠다고 생각했다. 그 언니라는 사람과 축하연이 열리던 동네에 대해 이야기해야겠다고 마음먹었다. 그 동네로 이사를 올까 생각 중이었기 때문이다.

"백악관에 의사가 두 명이면 정말 재미있겠네요." 패트리샤는 스타인뿐만 아니라 그녀의 남편 역시 의사라는 사실을 떠올리며 조심스럽게 말했다.

"글쎄요, 정확히 그게 중요한 건 아니지만 왜요?"

"저는 의사들이 특히 문제를 분석하고 해결하는 데 능숙하다고 생각해요. 그들은 해결책을 찾고자 하죠." 패트리샤가 말했다.

"맞아요. 스타인의 정책들은 상황을 바꿔놓기 시작할 거예요."

"네, 무슨 말씀인지 알겠어요. 스타인의 몇몇 아이디어는 좋아요. 그런데 의사 얘기가 나와서 말인데요. 이런 질문이 실례가 될지 모르겠지만, 저기 이 지역 의사들은 훌륭한가요? 남편이랑 제가 이곳으로 이사를 올까 고민 중이거든요. 그리고 학교는 어떤가요?"

다리를 놓으려면 대화를 나누며 조금씩 초점을 옮겨가야 하기 때문에 상대방이 하는 말을 들으면서 말이나 질문에 대한 상대방의 반응뿐 아니라 우리가 원하는 대화의 방향에 대해서도 주의를 기울여야 한다. 현재의 대화에 주의를 기울이지 말라는 말이 아니다. 능숙하게 잘 어울리는 사람들은 무슨 말을 듣고 있든지 간에 언제나 대화에 흠뻑 빠져들고 있다는 인상을 준다. 마치 제 갈 길 가듯 대화가 가능한 한 자연스럽게 흘러가는 것처럼 보여야 한다. 그 와중에 만반의 준비가 되어 있다면 상대방이 눈치채기 전에 우리가 선택한 화제로 빠르게 옮겨갈 수 있다.

물론 어떤 화제들은 다른 것들에 비해 옮겨가기가 어렵다. 게다가 사람들 중에는 그것이 무엇이 됐든 말하기로 마음먹었으면 자신의 뜻을 굽히지 않고 끝까지 하고자 하는 말을 하는 사람들이 있다. 하지만 화제를 바꾸는 일에 정말로 능숙해진다면 상대가 누가 됐든 예상치 못한 변화를 끌어낼 수 있을 것이다.

부드럽게 연결하기

화제를 변경하는 또 다른 방법으로 자연스러운 연결이 있다. 이 기술은 일대일보다는 여럿이 함께 있을 때 더 효과적이다. 다소 장난스럽고 창의적이기 때문에 두 사람 이상 모였을 때 더 쉽게 받아들여진다. 위에서 언급한 질 스타인 관련 일화에서 언니라는 사람이 녹색당의 미덕을 극구 칭찬하고 있을 때 만약 패트리샤가 여러 사람들과 같이 있었다면 '녹색'이라는 단어를 듣고 마음속에 가장 먼저 떠오른 단어로 대화를 이어갈 수 있을 것이다. 가령, '녹차'를 떠올렸을 수도 있다. 그러곤 사람들은 커피와 녹차 중에 무엇을 더 많이 마시는지 궁금하다며 장난스럽게 말했을 수도 있다. 그리고 화제를 커피로 돌려 재빨리 커피를 너무 많이 마시지 않으려고 노력 중이라고 덧붙여 이야기할 수도 있다. 혹은 최근에 정말 맛있는 커피를 마셨다거나 이 동네에 커피 한 잔하기에 가장 좋은 곳이 어디냐고 물어볼 수도 있다. 만약 이것이 화제를 돌리기에 지나치게 실없고 가벼워 보일뿐더러 좀 더 심각한 이야기를 하고 싶다면, 미국인들의 커피

습관이 환경에 얼마나 해로운지 보여주는 몇몇 연구(카페인이 하수도를 따라 시골마을의 개울까지 이동했다는 보고를 통해)에 대한 논의로 대화를 끌어갈 수도 있다.

자연스러운 연결은 다리 놓기보다 시도하기도 쉽고 대화를 확장해 나가기에도 좋다. 반드시 A지점에서 B지점으로 가려고 애쓰지 않아도 된다. 그저 A지점에서 벗어나기만 해도 된다. 자연스러운 연결이 더 효과적인 이유는 우리가 언급한 화제가 상대방에게도 방금 떠오른 것일 때가 많기 때문이다. 화제 전환은 지극히 자연스러워보여야지 조금이라도 억지스러워서는 안 된다.

장대높이뛰기

이 기술은 다른 기술에 비해 약간의 용기가 필요하며 다소 어려울 수 있다. 하지만 잘만 뛰면 원하는 주제로 바로 이동할 수 있다. 만약 마리화나 합법화를 완강히 반대하며 거품을 무는 사람과 대화를 하고 있다고 가정해 보자. "대마초를 피우는 일은 죽음을 대놓고 들이마시는 일이며 이 나라를 황폐화시킵니다!"그들은 격앙된 목소리로 말한다. 그런데 그 말에 동의하지 않는다고 해 보자. 기분전환용으로 대마초를 사용하는 것은 합법적이어야 하며 알코올처럼 취급해야 할 문제라고 생각한다고 해 보자. 하지만 이 문제를 놓고 논쟁을 벌이고 싶진 않다. 만약 고전적인 방식으로 장대높이뛰기를 하고 싶다면 이렇게 말해 보는 거다. "그 문젠 잘 모르겠고. 저기, 친구. 우리가 아직 오늘 있었던 경기 얘기를 안 했군, 그래! 닉스팀 장난 아니었지? 어마어마했어!" 세상에! 순식간에 완선히 다른 화제로 건너뛴 것이다.

이것은 교묘한 전략이 아니다. 몇몇 사람들은 우리가 주의력이 떨어진다고 생각할 수도 있다. 하지만 뭐 어떤가? 이 기술은 좋지 않은 상황을 벗어날 수 있는 빠른 해결책이 될 수 있다. 새로운 화제로 이동해 대화의 영역을 새롭게 다지는 것이다. 상대방이 이야기를 원래의 이야기로 도로 끌고 가도록 두지 말자.

단, 이 기술은 적용할 수 없는 대화들이 있다. 만약 누군가가 대량살상이나 암치료법과 같은 심각한 이야기를 하고 있는 중이라면 장대높이뛰기를 시도해선 안 된다. 그랬다가 지독한 냉혈한으로 비칠 것이다. 다음은 장대높이뛰기의 대표적인 예다.

"글쎄요. 그건 잘 모르겠지만 한 가지는 알고 있습니다. 배가 너무 고파요! 칠면조 좀 건네주시겠어요? 벤은 이 그레이비소스를 어떻게 만들었을까요? 정말 맛있네요."

"저기, 화제를 바꾸려는 건 아닌데 오늘 뉴스에서 엄청난 걸 봤어······."

"흥미롭네요. 찾아봐야겠어요. 그런데 잠깐, 잊기 전에 물어보고 싶은 게 있는데······."

감각과 무감각

이 기술은 주로 수줍음이 많거나 소극적인 사람들이 선호하는 것으로 그냥 못 들은 척하는 것이다. 가장 소극적인 화제전환 기술이라고 할 수 있다. 이 기술을 사용하면 무심한 사람으로 비칠 수 있다.

방법은 다음과 같다. 상대방이 하는 말이 불쾌할 때 얼굴에 살짝 미소를 짓지만 반응은 하지 말자. 절대 고개를 끄덕이며 그들이 하는 말을 듣고 있다는 표시를 해서는 안 된다. '감각과 무감각' 기술의 요령은 감정 없는 바위가 되어 불쾌하거나 모욕적인 발언이 비처럼 흘러내려가도록 두어야 한다는 점이다. 이 기술은 앞서 소개한 '침묵의 힘'과는 입장이 약간 다른데 감각과 무감각 기술을 사용할 때에는 상대방이 하는 말을 우리가 단순히 듣지 못했다(너무 끔찍해 대답할 수 없는 것과는 반대로)고 믿기를 바란다. 이 기술도 장대높이뛰기 기술과 마찬가지로 곧바로 완전히 다른 화제로 옮겨 이야기를 시작해야 한다.

모른 척 호소하기

이 기술은 특히 잘난 척하며 가르치려 드는 허풍선이나 고압적인 사람과 마주할 때 유용하다. 다들 남의 말은 전혀 듣지 않고 "내가 누구보다 이 분야에 대해 연구를 많이 했는데 말이야." 혹은 "그런 것도 모르다니 정말 멍청하네……." 와 같은 말을 뱉는 사람들을 알고 있을 것이다. 이 기술을 사용하려면 자존심을 죽여야 한다. 이런 유형의 사람과는 이성적 대화가 불가능하므로 모른 척 호소하는 것으로 열기구 풍선에 핀을 찔러 넣듯 허풍에 바람을 뺄 수 있다.

"흠. 저는 잘 모르겠네요."라고 대응하거나 자존심이 너무 상할 것 같으면 "그건 아닌 것 같지만 저는 그 문제에 대해 토론할 만큼은 잘 모르겠네요. 다른 얘기를 하면 어떨까요?"라고 응대하거나 아니면 가장 고전적인 방법으로 "당신 입장에서 봤을 때 이 문제에 대해 내가 대답을 잘못할까봐 두려워서 묵비권을 행사해야겠어요(웃으며)."라고 대답해 보자.

특히 뭐든지 다 아는 척하는 사람과 있을 때에는 아무것도 모르는 척하는 것이 가장 좋은 방법일 수 있다.

건배 제안하기

모임 자리에서 건배를 사용할 수 있는 방법에는 여러 가지가 있다. 건배는 구식이라 요즘은 잘 활용하지 않는다. 화제전환 장치로써 건배는 대화의 구두점 역할을 하며 분위기를 고조시키는 역할을 한다. 가령, "다양한 의견과 좋은 동료, 무엇보다 주최자를 위하여!" "자, 그나저나 요리 역사상 최고의 소고기 요리를 위하여!" "그 문제는 나중에 얘기하기로 하고 시금은 봄의 시작을 위해 건배합시다!"처럼 거의 모든 것을 위해 건배할 수 있다. 하지만 먼저 손에 컵이 있는지부터 꼭 확인하자.

비상시 탈출 좌석을 마련하자

솔직히 6장 내내 공통점을 찾고 화제를 바꾸고 안 되더라도 포기하지 말자고 계속 이야기하고 있지만 불편한 상대를 만났을 땐 다들 그 자리를 벗어나고 싶을 것이다. 그것도 완전히. 상대방에게 바보천치라고 욕하고 싶거나 못돼먹었다고 비난하고 싶더라도 그냥 그 자리를 완전히 벗어나는 길만이 유일한 방법이다. 그 사람도 우리를 향해 똑같은 비난을 막 퍼부으려던 참일지도 모른다.

하지만 이 전략은 앉아서 식사를 하는 자리라면 실행할 수가 없다는 점에 주의해야 한다. 그럴 경우 우리가 할 수 있는 최선책은 대화가 멈출 때를 기다렸다가 다른 쪽에 앉은 사람에게 말을 거는 것이다.

탈출 시 간단한 변명거리

가장 일반적인 탈출 방법은 진짜건 가짜건 볼일이 있다고 정중하게 양해를 구하고 자리를 뜨는 것이다. 이 같은 단순한 탈출전략이 다들 매우 익숙하겠지만 그래도 몇 가지 기본적인 변명거리를 소개하려고 한다.

"이 문제에 대해 더 깊이 이야기하고 싶지만 그보다 먼저 한잔해야겠어요. 잠시 실례해도 될까요?"

"그 문젠 잘 모르겠어요. 제가 딱 하나 아는 거라곤 배가 고프다는 거예요. 뭐라도 좀 먹어야겠어요."

"음, 확실히 흥미롭네요. 그런데 제가 화장실이 급해서요(볼일이 급해서요/화장실에 다녀와야 해서요)."

주의할 점이 있다면 우리가 어디를 간다고 말하든 상대방이 따라오려고 할 수도 있다는 것이다. 그럴 땐 전화나 문자 핑계를 대는 것이 가장 좋다. "정말 흥미롭네요. 그런데 제가 베이비시터, 남편, 상사, 딸, 계약자에게 연락을 하기로 했는데 문자가 온 것 같네요." 대화 중에 휴대전화를 사용하는 것은 무례할 수 있으니 불편한 자리를 뜨기에 딱 좋은 핑곗거리다. 이뿐만 아니라 "전화가 와서요."는 줄을 설 때나 기차나 비행기에서 대화를 이어가고 싶지 않을 때 완벽한 핑곗거리가 된다. 솔직히 누구나 다 본능적으로 전화기를 확인하니 얼마나 좋은 핑계란 말인가. 그냥 늘 하던 대로 전화기를 들여다보기만 하면 된다.

제물 바치기

내가 인터뷰했던 한 남자가 아내의 고등학교 동창회에서 겪었던 불편했던 대화를 털어놓았다. 그는 아는 사람이 없어 음식이 놓인 테이블 주변에서 이 사람 저 사람과 어울리고 있었다. (음식 코너는 처음 만난 사람과 대화를 나누기에 가장 좋은 장소이다. 실패해도 음식에 집중할 수 있으니까 말이다.) 그는 디나라는 여성과 새우가 맛있다며 대화를 시작했다. 대화는 다른 화제로 이어져 어느새 직업과 가족에 대해 신나게 이야기를 나누고 있었다. 디나는 재미있고 솔직했으며 유쾌했다. 그러나 이야기는 점점 불편하게 흘러갔다.

"지금 우리나라가 얼마나 인종차별적인지 놀라울 따름이에요." 그녀가 말했다.

"그런 것 같진 않아요." 남자는 용기를 내어 말했다.

"그건 명백한 사실이에요. 그걸 모를 순 없죠!" 디나가 얼굴을 찌푸리며 말했다. 그러곤 태도를 완전히 바꾸었다. 금방이라도 싸우자고 달려들 기세였다.

그 순간, 슬쩍 옆을 쳐다보니 다행히 좀 전에 만났던 다른 여자가 그들이 있는 곳으로(음식 때문이겠지만, 어쨌든) 걸어오고 있었다. 때마침 남자는 그녀의 이름이 생각났다.

"수잔." 남자는 팔을 내밀어 반갑게 여자를 맞았다. "디나와 인사했어요?" 수잔이 다가와 디나와 인사를 나누는 사이 남자는 실례한다고 말하고는, 다행스럽게도 재빨리 자리를 떴다.

'제물 바치기' 전략은 제물이 될 만한 사람을 찾아 도망치고 싶은 사람을 넘겨주는 것으로 유용한 방법이다. 파티장에 파트너를 홀로 두기보다 그와 함께 춤을 출 다른 사람을 찾는 것과 같다. 이 전략의 이름은 모르지만 모임에서 누군가로부터 도망칠 때 사용하는 오래된 전략으로 다들 창피해서 이 전략을 쓴다고 인정하지 않는다. 하지만 거의 모든 사교모임에서 매번 이 전략을 목격한다. 더군다나 이 전략은 사교적 예의, 다시 말해 서로 모르는 두 사람을 소개해 주는 일이기 때문에 영리한 수법이다. 하지만 불편한 상대와 어울릴 때에 우리는 도망치려는 사람과 가능한 한 가치관이 비슷한 사람(제물)을 소개해 주려 할 것이다. 이는 제물을 바치는 데 있어 가장 친절한 형태라 할 수 있다. 사실,

잘만하면 제물을 바치는 것이 아니라 서로 짝을 지어주는 칭찬할 만한 전략이 될 수도 있다.

핑곗거리 찾기

이 전략은 "엄마가 부르는 것 같은데."처럼 아주 오래된 변명이나. 대화 상황이 폭발 일보 직전에 다다를 땐 흐름을 차단하기 위해 상대방의 팔 위에 손을 가만히 얹어보자. 그 러곤 "죄송해요. 더 듣고 싶은데 상사에게 만나고 오겠다고 한 분이 여기 오셔서 가기 전에 만나봐야 해서요." 혹은 "잠 시만요. 아내가 불러서 무슨 일인지 가봐야 할 것 같아요." 라고 말하는 거다.

악수하고 헤어지기

이 이상한 이야기가 사실인지는 모르겠지만 친구말로는 진짜라고 한다. 친구 중에 하나가, 편의상 소피아라고 부르 려고 한다. 플로리다에서 휴가를 보내던 중에 몇몇 친구들 과 함께 그 지역의 밤 문화를 즐기러 술집에 들렀다. 그러다 소피아는 그녀에게 추파를 던지던 한 남자와 대화를 하게 되었다. 남자는 소피아에게 자신이 평평한 지구협회* 회원이라고 밝혔다. 그는 '둥근 지구인들(지구가 동그랗다고 믿는 사람들)'이 거대한 음모를 꾸몄기 때문에 우주나 높은 산에서 찍은 지구 사진이 모두 가짜라고 했다. 그뿐만 아니라 지구가 평평하니 한가운데 북극이 있고 얼음벽이 가장 자리를 둘러싸고 있는데 그것이 남극대륙이라고 주장했다. (온라인 여론조사 기관인 유고브^{YouGov}에 따르면 미국 인구의 2%, 즉 대략 650만 명 정도가 지구가 평평하다고 믿는다고 한다.)

틀림없이 그 '평평한 지구인'은 소피아를 협회에 영입하려 들거나 그가 믿는 이론의 타당성을 납득시키려 했을 것이다. 소피아가 정신 나간 그 남자를 결국 어떻게 떼어버렸는지는 모르겠지만 이같이 극단적인 경우에는 '악수하고 헤어지기'가 최선의 행동방침이라고 생각한다. 이러한 퇴장은 확실한 작별인사일 뿐 다르게 해석될 여지가 없다.

상대방에게 미소를 짓거나 그들이 하는 말에 표정을 지어 보이며 상대방이 잡을 때까지 손을 내밀고 있거나 직접 상대방의 손을 잡자. 그리고 상대방이 말을 멈추거나 적어도 말의 속도를 늦출 때까지 손을 흔들며 악수를 하자. 그리

---

* 지구가 평면이라고 주장하는 의사(擬似)과학단체로 소셜 미디어를 중심으로 활동하고 있다.

고 따뜻하게 웃으며 말하자. "대화 즐거웠어요." 그러곤 그를 남겨두고 재빨리 돌아서서 자리를 뜨자.

과열된 대화는 일시 정지로 해결할 수 있다

때로는 균형을 잃게 될 수도 있다. 어쩌면 두 친구 사이에 일어난 미처 예상치 못한 열띤 논쟁으로 인해 불안할 수도 있다. 또 어쩌면 누군가로 인해 평정심을 잃어 스스로 정신을 차릴 필요가 있을지도 모른다. 혹시 마술사나 마법사가 되어 손가락을 한번 튕기면 세상이 잠시 멈추고 그 사이다시 평정심을 찾을 수 있기를 바라지는 않는가? 일시정지가 바로 그것이다. 그 모임 장소에 바깥 공간이 있다면 밖으로 나와 정원을 둘러보거나 마당을 한 바퀴 돌거나 별을 바라보는 것도 좋다. 아니면 손님들의 외투를 둔 방에 들어가중요한 메시지를 확인하는 척하거나 다른 방에 들어가 책장의 책을 둘러보는 척하는 거다. 5분에서 10분 정도 심호흡을 한 다음 다시 돌아가 다른 사람과 이야기를 나누며 즐거운 시간을 보내는 거다.

당신의 정신 건강을 위해 우아하게 후퇴하라

마음을 단단히 먹고 아무리 노력해도 포기해야 하는 경우가 있다. 물론 자주 일어나는 일은 아니다. 모임에 참석한 대부분의 사람들은 예의를 갖추고 있기 때문에 우리가 무슨 말을 하던 강제로 쫓겨나는 일은 없을 것이다. 하지만 정신 건강과 다른 사람들의 신체적 안전을 위해 자리를 떠야할 때(그럴 일이 없기를 바라지만)가 있다.

하지만 뭘 하던 씩씩거리며 자리를 뜨거나 소란을 피우지는 말자. 가능하다면 아이가 아프다든가, 편두통이 있다든가, 다음 날 일찍 약속이 있는 걸 잊었다든가처럼 일찍 갈 수밖에 없는 그럴싸한 변명을 하자. 자리를 뜰 때에는 마음의 평화를 위해 마치 무섭고 거대한 파도가 몰려온다든가 끔찍한 폭풍우로부터 도망치는 상상을 하자. 심리적인 안정을 바라는데 파도나 폭풍우 때문에 스트레스 받거나 화를 내며 그 자리에 있을 필요는 없지 않은가?

말도 안 되는 이야기를 늘어놓는 사람 때문에 화가 나더라도 자리를 뜨기 전에 모임을 주최한 주인에게 인사는 꼭 하고 가도록 하자. 그냥 털어버리고 다음에 싸우기(아니면 그냥 넘어가든가)로 하자.

7장

둘 사이에
끼였다면

삶의 주된 목적은 다른 사람을 돕는 것이다.
만약 도울 수 없다면 적어도 해치지는 마라.

– 달라이 라마

요즘 같은 세상에 진정한 영웅은 화려한 모임을 여는 사람이나 열띤 토론을 이끄는 사람, 혹은 언제든 누가 됐든 말을 걸어주는 사람이 아니라 대화의 문제가 발생했을 때 사심 없이 개입해 곤란한 상황을 해결해 주는 사람이다. 나는 이 사람들을 사교계의 외교관이라 부른다.

논쟁에 휘말렸을 때 빠져나가기란 여간 힘든 일이 아니다. 하지만 모임에 참석한 사람들을 위해 자발적으로 나서서 논쟁을 제지하는 일이 의무는 아니다. 사교계 외교관은 대화가 싸움으로 변질되는 것을 가만히 지켜보기보다는 모임에 모인 모두를 위해 정면으로 싸움에 달려드는 사람이다. 많은 사람들이 그래야 마땅하지만 그런 사람들은 그다지 많지 않다. 소동을 일으키기 일보 직전인 두 사람과 같이 대화를 하고 있어서건, 건너편에서 문제를 발견하고 신경이 쓰여서건, 아니면 모임 주최자로 소동에 책임을 느껴서건 간에, 평화를 유지하기 위해 나서는 일은 숭고한 일이다. 점점 더 많은 사람들이 기꺼이 외교관으로 나선다면 불안과 소란은 훨씬 줄어들 것이다.

인상 찌푸리지 않고 여러 명이 대화하려면

중재를 하느냐 마느냐, 그것은 어려운 일이다. 개입을 해야 하는지 아니면 그저 그들이 원하는 곳에 화살을 쏘도록 내버려 둬야 하는지, 비록 그 화살이 아무짝에도 쓸모없는 곳으로 향하더라도, 어느 쪽이 더 나은가 말이다. 대화에 끼어들어야 하는지 아니면 그냥 내버려 둬야 하는지 구분하기란 늘 쉽지만은 않다. 때로는 성격과 성향을 잘 알고 있어 갈등이 예측 가능한 친구들이 더 문제가 되기도 하고 또 어떤 때는 무언가 위험한 기운이 본능적으로 느껴지기도 한다. 평화유지 임무를 수행할 때에는 지켜야 할 일반적인 규칙이 있다. 즉 대화가 적대감을 대놓고 드러내거나 혹은 활발한 토론이 아닌 악의에 찬 논쟁으로 이어져 즐거운 분위기에 방해가 될 것 같다는 확신이 들지 않는 이상 아무것도 하지 말아야 한다. 반대로, 나서야 한다면 다음의 '사회적 구원자' 기술을 펼쳐보자.

백기 흔들기

이런 상상을 해 보자. 모임에 온 사람들을 이리저리 살피다가 우연히 한 무리를 발견했는데 한 남자가 미친 듯이 손을 흔들어대고 다른 한 남자는 고개를 절레절레 흔들고 발을 이리저리 움직이고 있었다고 해 보자. 그들에게서 부정적인 감정이 뿜어져 나오고 있어 무슨 일이 벌어질지 알 수 있었다. 불꽃이 일면 금방이라도 폭발할 것만 같았다.

곤경에 빠진 사람들을 구하러 우리가 왔다! 자, 투명 망토를 입고 출발! 하지만 슈퍼맨처럼 극적으로 날아가지는 말자. 기회를 기다려 무슨 일이 벌어지고 있는지 아무것도 모른다는 듯 슬쩍 그들 사이로 들어가야 한다. 대체로 재치가 뛰어나야 한다거나 극적인 무언가를 해야 할 필요는 없다. 그들은 그저 대화의 방향을 다른 쪽으로 슬쩍 밀어줄 누군가가 필요할 뿐이다. 그들 앞에 백기를 흔들어 그들의 위치를 알려줄 누군가가 필요한 것이다.

이때 특정 이슈에 대해 실제로 어느 한쪽과 뜻을 같이하더라도 어떤 식으로든 편을 들거나 어느 한쪽이 다른 쪽보다 더 잘못했다는 식으로 넌지시 드러내는 것은 바람직하지 않다. 물론 어느 한쪽이 대놓고 공격을 하고 다른 한쪽이 겁을 먹고 움츠러들며 울먹이고 있지 않다면 말이다. 그런 일은 없겠지만 혹시라도 그렇다면 "질문 중에 미안하지만 잠시 찰리를 데려갈게요."라고 말하며 피해자가 상처입지 않도록 그 상황에서 꺼내주자.

우리는 모두 사람들이 멋진 모습을 유지하도록 도와주고 싶어 한다. 이러한 이타적인 행동은 평화의 백기를 흔드는 것이라고 생각한다. 백기에 해당되는 몇 가지 대화의 예를 살펴보자.

"두 사람 뭐 하세요? 기억하세요. 모임에서 내분은 안돼요!"

"저기, 좋은 말을 못 하겠으면 프랑스어로 말해."

"있잖아. 밖에 나가서 싸우고 싶다면 권투 글러브라도 빌려주고."

육체적 싸움도 그렇겠지만 갈등의 분위기를 깨트리기 위해선 한 번 이상의 노력이 필요하다. 한 번 말려서 효과가 없다면 때로는 두세 번 말려야 한다.

바보 같은 농담하기

어리석음이 가진 힘을 절대 과소평가하지 말자. 어이없는 농담은 속도를 늦추거나 긴장을 완화시켜 논쟁의 열기를 덜어준다. 마치 타이어의 바람을 빼는 것과 같다. 하지만 바보 같은 농담이다 보니 어떻게 보면 스스로 목숨을 내놓는 것과 마찬가지다. 스스로 희생하여 어리석은 농담을 내뱉고 나면 상대는 우리를 똑똑한 사람으로 보지는 않을 것이다. 하지만 진부한 농담은 찬물을 한 바가지 끼얹는 것과 같은 역할을 한다. 찬물을 맞고 신음 소리를 낸다면 더할 나위가 없다. 하지만 애매모호한 농담은 끄려던 불에 부채질을 할 수도 있다. 이런 경우 정신이 번쩍 드는 북소리를 일으킬 만한 어이없는 농담을 구사해야 한다.

문화충격주기

휴가철을 맞은 어느 날 저녁, 긴장이 최고조에 달했던 그날 (병원에서는 독감예방주사뿐 아니라 불쾌한 기분 예방접종도 해 줘야 한다) 나는 각자 음식을 가져와 함께 저녁 식사를 하는 자리에서 말다툼을 하는 두 손님을 목격했다. 실제 싸우는 소리는 듣지 못했고 어쩌다 딱 한마디를 들었다. 한 사람이 어쩌고저쩌고 "진보 매체!"라고 소리치자 다른 사람이 어쩌고저쩌고 "폭스 뉴스!"라고 되받아쳤다.

나는 위험을 무릅쓰고 그들에게 다가가 팔을 잡고 단호히 말했다. "너한텐 안 팔아!" 그러곤 웃으며 그들의 팔을 가볍게 움켜쥐었다. 이 말은 "이봐 두 사람, 정신 좀 차려."라고 말하는 것과 같다. 이러한 행동이 늘 효과가 있는 것은 아니지만 이번에는 통했다. 운 좋게 두 사람 모두 〈사인필드〉*를 알고 있어서 겸연쩍게 웃었다.

장소와 모임의 성격, 모임에 참석한 사람들의 연령층 등의 상황에 따라 이 기술은 매우 효과적일 수 있다. 물론 사람들이 우리가 하는 말을 알아들어야 하므로 모임에 참석한 사람들의 성향은 어떤지, 연령층은 어떻게 되는지 정도는 알아야 한다. 하지만 그들이 알아듣지 못하더라도 논쟁을 멈추게 할 수는 있다. 우리가 좀 창피하겠지만. (이런 행동이 명예로운 희생임을 잊지 말자.)

이때 건네는 말은 마치 작은 테이저 총처럼 정신이 번쩍들게 해서 그들이 가고 있던 길에서 벗어나게 해 주고 집중력을 흩트려 놓는다. 또한 박수를 치며 아이들에게 "자, 이제 그만!"이라고 말하는 것과 비슷하다. 이상적으로는 다들 한바탕 웃고 다시 예의를 갖추어야 한다. 위에서 〈사인필

---

* 〈사인필드(Seinfeld)〉는 NBC에서 방영된 시트콤으로 수프가게 주인인 수프 나치는 수프를 주문할 때 그가 정해놓은 규칙을 지키지 않으면 "너한텐 안 팔아!(No soup for you!)"라고 한다.

드)를 언급했지만 사실 '문화충격' 기술은 논쟁으로 번지는 상황에 우리가 실제로 같이 있을 때 가장 효과적이다. 대화를 듣고 있어야 적절한 말을 선택할 수 있기 때문이다.

중재하기

이런저런 이유로 사람들을 진정시켜 대화가 순조롭게 진행되도록 중재하려고 애쓰는 일이 가치 있게 여겨질 때가 있다. 예를 들어, 우리가 어떤 모임에 참석해 평소 알고 지내던 두 사람을 지나치게 되었다고 해 보자. 그들을 각각 댄과 스탠이라고 하자. 그리고 두 사람이 조력자살 문제에 대해 격렬하게 논쟁을 벌이는 것을 듣게 되었다.

"안락사는 불치병으로 고통스러워하는 환자를 돕기 위한 의료적 행위입니다. 환자들을 고통스럽게 하는 것은 공평하지 않죠." 댄이 단호하게 말했다.

화가 난 스탠이 말했다. "그건 잘못된 일입니다. 살인행위예요. 언제 안락사를 시킬지 누가 결정하죠? 기준이 어디 있습니까? 얼마나 아파야 충분한 건데요? 나을 수 있는데 지나치게 절망스러워 모르는 거라면 어떡할 거예요?"

"그건 당사자가 결정할 문제입니다." 댄이 언성을 높이며 말했다. "제3자가 어떻게 고통 속에 살라고 강요할 수 있죠? 당신이 뭔데 그런 결정을 합니까?"

"실례합니다." 두 사람 사이에 끼어들며 이렇게 말해주자. "제 생각엔 두 사람 모두 일리가 있습니다. (우리는 중재자 역할을 하고 있는 중이다.) 그건 정말 복잡한 문제죠."

"복잡하지 않습니다. 이 남자가 생명의 존엄성을 믿지 않는 겁니다." 스탠이 불평했다.

"그가 한 말은 그런 뜻이 아닌 것 같습니다." 우리가 말한다. "우리는 모두 고통스럽게 죽어가는 사람을 알거나 본 적이 있습니다. 댄은 그들도 권리가 있어야 한다고 말하는 것 같습니다."

"하지만⋯⋯." 스탠이 이의를 제기했다.

"하지만." 우리는 댄을 바라보며 재빨리 덧붙인다. "스탠의 말도 정말 일리가 있어요. 우리가 안락사를 합법화한다면 안락사를 어떻게 규제해야 할까요? 누구를 살리고 누구를 죽일지 누가 결정해야 할까요? 정말 심사숙고할 문제라고 생각해요."

바라건대 이쯤 되면 둘 다 진정하고 세 사람이 예의를 갖춰 토론을 이어갈 수 있을 것이다. '어울림의 중재자'가 되려면 중재자의 마음이 어느 한쪽으로 더 기운다하더라도 두 사람이 서로에게 귀를 기울이고 상대방의 관점을 이해하도록 도와주어야 한다.

이 기술의 효과는 논쟁의 주제, 참여자, 중재자의 중재

기술에 달려있다. 가장 중요하게 기억해야 할 점은 논쟁을 벌이는 사람들이 아무리 흥분하더라도 중재자는 침착하게 말해야 한다는 것이다. 그들의 분노에 휘둘려서는 안 된다. 우리는 그저 대화를 정상으로 돌려놓으려는 것이다.

피하고 싶은 대화를 바꾸는 3가지 전략

이 기술은 우리의 대화가 아닌 다른 사람들의 화제를 바꾼다는 점만 제외하면 6장에서 소개한 화제전환 기술과 유사하다. 대화에 참여하고 있지는 않으나, 저 멀리 문제점이 보일 때 우리는 다음의 전략들을 사용할 수 있다. 그들에게 다가가 논쟁에서 질 것 같은 조짐이 보이는 사람을 막아선다. 이 방법이 성공을 거두면 논쟁을 벌이던 사람들은 곧바로 완전히 다른 길로 대화의 방향을 틀게 된다.

게임 속으로 데려가기

게임이나 여론조사는 사람들과 어울릴 때 내가 늘 즐겨쓰는 기술 가운데 하나다. 이 기술은 사람들의 논쟁을 방해하는 데 목적이 있으며 효과적인 결과가 나타날 뿐 아니라 재미까지 있다. 이 기술은 신날뿐더러 사람들에게 어울림의 본질을 일깨워준다. 우리는 1~2분 가량 캠프지도자가 된다. 논쟁 중인 사람들을 마치 나머지 다른 사람들이 하고 있는 게임 속으로 데려가는 것처럼 행동하는 것이 이 기술의 요령이다. 이런 식으로 논쟁의 흐름을 끊고, 동시에 그들이 일대일 논쟁을 격렬하게 벌이고 있다 할지라도, 그들 또한 전체 모임의 일부분이라는 사실을 상기시켜준다. 몇 가지 '게임'의 예를 들어보자. 여러분만의 창의성을 발휘해 상황에 맞는 더 효과적인 기술을 개발할 수도 있다.

"실례합니다만, 질문 하나 드려도 될까요? ○○ 최신 에피소드 보셨어요? 어떻게 생각하세요?"

"안녕하세요. 제가 여론 조사 중인데요. 만약 무인도에 한 가지 음식만 가져갈 수 있다면 피자를 가져가시겠어요, 아니면 초콜릿이나 훈제연어를 가져가시겠어요?"

"둘 다 눈 감아봐, 빨리. 좋아, 이제 앞에 있는 사람이 입고 있는 셔츠 색깔을 말해 봐."

"안녕하세요. 제가 시간여행과 관련해 설문조사 중입니다. 여러분은 100년 전으로 돌아가시겠어요, 아니면 100년 후로 가시겠어요?"

"안녕하세요! 여기는 좀 긴장을 풀어야 할 것 같은데요. 지금 당장 긴장을 푸는 방법으로 어떤 게 좋으세요? 뜨거운 욕조 아니면 온천?"

약간의 말재간 부리기

이 기술은 확실히 모두에게 적용할 순 없다. 각자 스타일에 맞춰야 한다. 이 기술은 불분명한 어휘를 사용해 화를 내는 사람들을 어이없게 만드는 것이다. 때로는 화려한 말재간이 논쟁을 멈추게 한다.

이 전략을 실제로 써 본 적은 없지만, 가끔씩 쓴다는 한 남자를 인터뷰했다. 그는 분명 어휘 마스터였다. 아마 평생 크로스워드 퍼즐을 해 왔기 때문이 아닐까 싶다. 어쨌든 그는 난해한 영어단어를 좋아한다. 어느 날 저녁, 이 남자가 학교 기금모금 행사에 갔다가 우연히 그날 소셜 미디어에서 터진 미투 사건을 놓고 벌어진 심각한 설전을 목격하게 되었다. 이야기를 들어보니 고발의 타당성을 놓고 온라인상에서 격렬한 논쟁이 벌어지고 있다는 것이었다. 여자와 남자는 목소리를 높였고 싸움은 점점 추해지며 아무런 진전이 없었다.

그는 화가 잔뜩 난 남녀를 향해 상냥하게 웃으며 말했다. "흠! 두 분 모두 확실히 실감정증은 아니시군요."(실감정증은 감정을 구분하지도 표현하지도 못하는 증상이다.)

두 남녀는 당황스러워하며 잠시 그를 쳐다보았다. 여자

가 물었다. "뭐라고요?" 그러자 그녀와 논쟁을 벌이던 남자가 양해를 구하고 자리를 떴다. 이 같은 방법이 정확히 파리 조약은 아니었지만 뜻밖의 단어가 싸움을 말린 셈이다. 다른 예들을 살펴보자.

"당신들 중 한 사람이 변절자인 것 같군요." (발뺌하는)

"당신들 중 누가 조장죄입니까?" (반란을 부추김)

"이제 그만해요. 당신들이 하는 말을 듣고 있자니 알로도사포비아가 심해지고 있어요." (의견을 듣는 두려움)

"우리가 여기서 무슨 쿼들리벳 논의 중인가요? (철학적 혹은 신학적 논의를 위한 주제)

"둘 다 설복할 수 없어요." (설득하기 쉬운)

똑똑해 보이거나 누군가에게 잘 보이려고 이런 단어들을 사용하는 게 아니라는 것을 명심해야 한다. 다만 이런 종류의 단어들이 대화를 중단하게 만들 수 있다는 것이다. 적어도 사람들은 우리가 무슨 말을 하는지 물어보기 위해 논쟁을 멈추게 될 것이다. 물론 우리를 괴짜라고 여길 수도 있다. 어찌 됐든 잠시나마 격렬해진 논쟁 에너지를 뺏을 수 있다.

다른 모든 기술이 실패했을 때 노래하기

미친 소리처럼 들리겠지만 전문가들에 따르면 사람들이 정말로 싸우고 있을 때 노래를 불러 싸움을 멈추게 할 수 있다고 한다. 물론 다들 노래를 부르고 싶진 않을 것이다. 하지만 언쟁이 정말 추악해지고 싸움 때문에 좌절감을 느끼는 외향적인 사람이라면 지금이 바로 노래를 불러야 할 때인지도 모른다. 〈걱정하지 말고 행복해집시다〉, 〈행복한 얼굴을 하세요〉, 〈케 세라 세라〉 같은 노래를 추천한다. 혹시 정말 용감하다면 레이디 가가의 〈배드 로맨스〉는 어떨까?

위험을 무릅쓰고 이 기술을 사용해 보자. 다만 효과 만점일 수도 있고 한 대 얻어맞을 수도 있으니 조심해야 한다.

눈치를 살피게 만드는 삼각관계

중재를 하려고 논쟁에 끼어들었다가 직면하게 되는 위험 요소 가운데 하나가 삼각관계다. 삼각관계는 누군가와 문제가 생긴 한 사람이 제3자를 이용해 자신의 생각을 확인받거나 자신의 견해를 지지받으려는 전략으로 흔히 싸움에 휘말리기 딱 좋은 방법이다.

오랜 시간 알고 지내온 두 사람이 대화를 나눌 때 개입하면 위험은 더 커진다. 나 역시 결혼한 친구들과 하룻밤을 보낼 때 이런 일을 종종 겪는다. 한쪽은 평생 민주당 지지자였고 다른 한쪽은 확고한 공화당 지지자였다. 게다가 그 둘은 주변에 사람들이 있을 때조차도 정치적 문제를 놓고 자주 티격태격했다. 유기농법에 대해 이야기하든, 전과자의 투표권에 대해 이야기하든, 아니면 그날 뉴스에 대해 이야기하든, 그들은 항상 둘 사이의 갈등을 해결해줄 제3자를 찾았다. 그날도 우리 셋은 같이 저녁을 만들고 있었고 나는 칼질에 집중하고 있었다. 그러다 친구가 기습적으로 나를 불렀다. "진, 어제 상원에서 통과시킨 법안에 대해 읽어봤어? 최악의 조치 아니야? 우리 남편이 제발 정신 좀 차리도록 도와줘."

부부의 경우 당연히 논쟁은 한 가지에만 국한되지 않는다. 두 사람의 마찰은 종종 결혼 생활에 영향을 미치고 거기서 더 번지기도 한다. 따라서 제3자는 가능한 한 중립을 지켜야 한다. 커플은 위험한 지역이다.

배우자뿐 아니라 논쟁에 휘말린 두서너 명이 우리를 끌어들인 경우에도 조심해야 한다. 잘해봤자 어색하고 최악의 경우 끔찍할 수 있다. 다음 말들을 들을 땐 정신을 바짝 차려야 한다. 대화에 참여하는 순간 단순히 말을 건네는 것 그 이상일 테니.

"잘됐다. 여기 있었네. 우리가 논쟁을 해결하려고 노력 중이거든."

"잠깐. 이 문제에 대해 다른 합리적인 사람의 의견을 들어봅시다."

"이 순진한 멍청이는 우리나라가 잘하고 있다고 생각해요. 그게 말이 돼요?"

"좋아. 네가 우리 둘 다 모른다고 하고 ○○에 대해 어떻게 생각해?"

경고벨 소리가 들린다. 우리는 방금 지뢰를 밟았거나 막 밟을 예정이다. 분명히 편을 들어달라는 요청이다. 부비트랩이 설치된 장소에 들어갔다는 것을 아는 순간 최대한 조심조심 대화에서 물러나는 게 상책이다. 물리적으로("아, 잠깐만. 음료를 피아노 옆에 놓고 깜빡했네.") 도망치든가 그 주제에서(6장에 소개한 기술 중에 하나를 사용해 화제를 바꾸자.) 벗어나자. 중재를 할 수 있다고 느껴지면 언제든 그들과 함께 해도 좋다. 그게 아니라면 "이봐, 친구들. 제발 이 일에 나를 끌어들이지 말아 줘."라고 말하자.

물론 앞에서 언급한 말들이 꼭 갈등을 의미하지는 않는다. 때로는 흥미로운 토론으로 이어지기도 한다. 만약 대화가 합리적이고 흥미로우며 서로를 존중한다면 자유롭게 편을 들 수도 있을 것이다. 반드시 기억해야 할 한 가지, 이 책에서 소개하는 회피기술은 모두 싸움을 피하고자 할 때 사용하라는 것이지, 생각하게 만드는 진지한 대화에 쓰라는 것은 아니다.

피곤한 사람과 엮이고 싶지 않다면

우리가 적을 상대하느라 고군분투하고 있을 때 최고의 보호수단은 바로 이 전쟁에 함께 참여한 전우들이다. 배우자나 룸메이트, 친한 친구나 가까운 사업동료와 같이 팀동료가 있어서 이 상황을 헤쳐 나가는 데 도움을 받을 수 있다면 뜻밖의 행운일 것이다.

그렇다고 파트너와 함께 있으라는 말이 아니다. 일상의 모임에서 배우자나 룸메이트 옆에 머무르는 것은 좋은 생각이 아니다. 따로 떨어져 있어야 두 사람 모두 훨씬 더 즐거운 시간을 보낼 수 있다. 그래야 더 많은 사람을 만나 더 많은 이야기를 나눌 수 있다. 하지만 불편한 상대와 이야기 중이라면 파트너와 서로 돌아가며 도와주는 것이 매우 중요하다. 파트너를 도와줄 수 있는 방법으로는 크게 두 가지가 있다. 하나는 위험이 잠재된 지역을 파트너가 피해가도록 도와주는 것이고, 다른 하나는 파트너가 곤경에 처했을 때 구해주는 것이다.

정찰하기

파트너와 같이 모임에 가는 것은 공모자를 두는 것과 같다. 서로를 수시로 살펴가며 각자 발견한 지뢰에 대해 서로 경고해 줄 수 있다. 방금 간신히 도망쳐 나온 박식한 척하며 사상을 전도하려는 사람이나 주정뱅이에 대해 알려주면 파트너는 내가 방금 당한 고문을 똑같이 겪지 않아도 된다.

분명 파트너의 생각과 인내심 정도를 알고 있을 테니 그들의 사교모임 보좌관이 되어줄 수 있다. 단, 여러 명이 있는데 귓속말을 할 때에는 매우 조심해야 한다. 신중에 신중을 기해야 한다.

구조 임무 수행하기

많은 커플들이 구조받기를 원할 때 건너편에서 서로에게 보낼 신호를 미리 준비해 간다. 그런데 제발 정수리를 두드리는 것처럼 너무 뻔하거나 이상한 것으로 정하지는 말자. 귀를 잡아당긴다거나, 옷깃을 만지작거린다거나, 안경을 바로잡는 것과 같은 것이 좋다. 물론 파트너가 신호를 알아차리려면 행동에 주의를 기울여야 한다. 어쩌면 한참 동안 안경을 만지작거려야 할 수도 있다. 좀 더 확실한 것이 필요하다면 바닥(카펫이 아닌 경우에만)에 식기류를 떨어뜨릴 수도 있다. 내가 아는 한 여자는 파트너에게 주의를 주기 위해 부자연스럽고 큰 웃음소리를 이용한다.

파트너를 구조할 때에는 새로운 화젯거리를 미리 준비해 대화에 끼거나 필요하다면 파트너의 팔을 잡고 "여보, 당신을 데려가서 미안한데, 내가 당신을 ○○에게 소개하기로 했거든."이라고 말하며 데려가는 것이 좋다. 씩 한번 웃어주고 고개를 끄덕이며 함께 자리를 뜨면 된다.

모임의 주최자가 해야 할 일

우리가 모임의 주최자라면 순조로운 진행에 특별한 책임이 있다. 모임에 참석한 사람들이 모두 즐거운 시간을 보낼 수 있도록 소위 싸움과 같이 부정적인 상호작용을 당연히 최소로 하고 싶을 것이다. 손님들을 지나치게 통제하고 싶지는 않을 테지만, 손님들은 주최자가 자신들을 신경 쓰고 있다고 느낄 때 실제로 더 편안하게 느낀다.

평화 유지를 위해 훌륭한 주최자라면 이 장에 소개된 많은 기술들을 활용해야 한다. 아니, 이보다 더 많은 것을 해야 한다. 주최자는 모임에 있어 코치이자 배의 선장이며 쇼의 연출자이다. 따라서 나쁜 일이 생기지 않도록 사전에 충분히 준비하고 잘 지켜보아야 한다. 이는 중대한 토론을 유도하거나 못하게 막으라는 것이 아니다. 그저 누군가의 머리로 물병이 날아가는 일은 없도록 하자는 것이다. 주최자는 모두가 즐거운 시간을, 적어도 활기가 넘치는 시간을 보낼 수 있도록 분위기를 만들고 신경 써야 한다.

누가 모임에 오지 않는지 파악하기

슬프게도, 사업상 모임을 제외하고는 많은 모임들이 점점 마음이 맞는 사람들끼리만 모여 '끼리끼리'가 되어가는 게 사실이다. 다른 손님들과 매우 다른 성향을 가지고 있다고 해서 그 사람을 초대하지 않는 것이 우리 사회에 좋은 자극이 될 거라고는 생각하지 않는다. 우리는 좀 더 자주 어울려야 한다.

저녁 식사 자리는 논쟁이 일어나기 십상이다. 그리고 그 논쟁이 좋을 수도 있고 나쁠 수도 있다. 따라서 언제 폭발할지 모르는 성향이 반대인 사람을 초대하는 일은 저녁 식사 자리에 내놓고 싶지 않은 레시피이다. 물론 가끔씩 상황을 통제할 수 없을 때도 있다. 가령, 알고 보니 매우 독선적인 친구의 새 남자 친구가 뜻밖에 모임의 '걸림돌'이 될 수도 있다. 우리가 항상 손님들에 대해 모든 것을 알고 있는 것은 아니다. 만약 그렇다면 무슨 재미겠는가? 주최자로서 우리는 손님들을 이끌어야 한다.

주최자로서 조약 맺기

때로는 손님들에게 장난스럽게 논쟁을 벌이지 말라고 말하는 것도 나쁘지 않다. 가령, 성질을 내지 않겠다는 약속처럼 손님들에게 이러저런 약속을 받는 것은 주최자의 권한이다. 예의 있게 행동할 수 있다면 와도 좋다고 말해야 할 수도 있다. 또는 손님 가운데 한 사람이 특정 문제에 매우 예민하니 그 문제를 언급하지 말아달라고 부탁해야 할 수도 있다. 불붙기 쉬운 사람들이 모인 경우, 낌새가 심상치 않다면 모든 사람들이 자리에 앉아 있을 때 지침을 전달하는 것이 좋다.

짝을 지어주는 사람과 짝을 갈라놓는 사람

훌륭한 주최자는 모임을 하는 동안 사람들을 잘 엮어준다. 그들은 좋은 대화 상대가 될 만한 사람들을 파악하고 오래 대화를 이어가도 이로울 게 없는 사람들을 파악하는 데 능숙하다. 사람과 사람을 연결해 주는 일이야말로 주최자의 최종 목표다. 음식과 분위기가 확실히 중요한 요소지만 모임의 진정한 성공은 대화의 질과 관련 있다는 데 대다수가 동의한다. 주최자는 손님들의 기질과 관심사, 그리고 그들의 신념체계에 대해 자신이 알고 있는 것을 활용해 사람들이 잘 어울리도록 도와주고 기분 좋은 대화를 이어가도록 힘써야 한다. 주최자는 '짝을 지어주는 일'뿐 아니라 '짝을 갈라놓는 일'도 해야 한다.

만약 우리가 주최한 모임에서 몹시 화가 나 보이는 손님을 발견한다면 가서 "저기요. 하룻밤 사이에 세계 문제를 해결할 순 없어요."라고 기분 좋게 말하거나 아니면 다른 사람을 데려가서 "방해해서 죄송해요. 조, 제 사촌을 만나보셨어요?"라고 말할 수도 있다. 그러곤 그들 옆에 한참 머무르며 대화가 더 나은 방향으로 흘러가는지 확인한 후 자리를 떠야 한다. 싸움을 끝내기 위해 주최자가 할 수 있는 또다른 훌륭한 전략은 논쟁을 벌이는 사람 중 한 명을 불러 주방 일을 좀 도와달라고 하거나 음악 고르는 일을 도와달라고 부탁하는 것이다. 물론 주최자는 6장에서 소개한 화제전환 기술 가운데 하나를 사용할 수도 있고, 저녁 식사 자리에서 대화가 점점 험악해질 때 필요한 유용한 기술을 쓸 수도 있다. 그리고 만일의 경우를 대비해, "Y자로 끝나는 요일에는 제 식탁에서 절대 논쟁을 할 수 없습니다."라고 말해도 좋다.

사교모임 주최자는 정원사가 되어 모든 식물과 꽃들을 정성스레 가꾸고 이곳저곳 물을 주며 잘 자라고 있는지 확인하고 필요할 때는 여기저기 난 해로운 잡초들을 뽑아주어야 한다. 서로를 존중하는 논쟁은 격려하고 이끌어줘야 하지만 서로에게 독이 되는 대화는 막아야 한다.

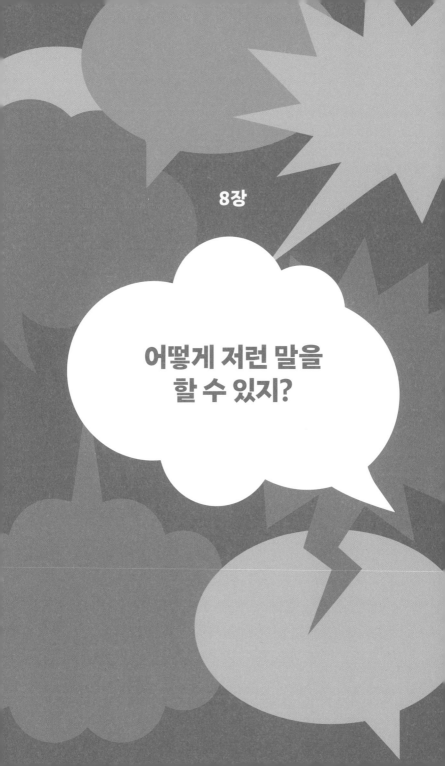

8장

어떻게 저런 말을
할 수 있지?

언제나 주요 도로로 가라,
그곳이 훨씬 덜 붐빈다.

- 워런 버핏

독이 되는 대화 이야기가 나왔으니 말인데, 인간 상호작용에 있어 우리 사회가 저지른 가장 큰 실패는 온라인에서 일어난다는 데 대다수가 동의할 거라고 생각한다. 소셜 미디어 사이트는 가장 큰 논쟁이 일어나는 곳이며, 두 개의 분리된 현실이 가장 널리 확산된 곳인 것 같다. 아이러니하게도 소셜 미디어는 사회적 불협화음의 주요 원인일뿐더러 사회적 불협화음을 가장 많이 경험하는 곳이다.

인터넷은 20년 전에는 누구도 상상할 수 없었던 속도와 양으로 우리를 서로 연결해주고 있다. 이 책이 출간될 무렵이면 숫자들은 더 늘어날 테지만, 최근 통계치에 따르면 매일 14억 명이 페이스북을 이용하고 매일 4백만 기가바이트의 데이터를 생성하고, 매일 5억 개의 트윗을 올리며 인스타그램에는 매일 9천5백만 개의 사진과 영상이 업로드된다고 한다.

많은 신경과학자들이 소셜 미디어의 중독성에 대해 연구 중이다. 대다수가 '좋아요'와 '팔로우'를 주고받을 때 도파민 보상을 받는다고 믿으며 페이스북, 스냅챗, 인스타그램과 같은 플랫폼은 슬롯머신이나 코카인과 같은 신경회로를 건드려 빠져들게 만든다고 생각한다. 대니얼 레비틴^{Daniel} ^{Levitin}은 그의 저서 『정리하는 뇌^{The Organized Mind}』에서 "트위터의 피드나 페이스북의 업데이트를 확인할 때마다 우리는 새로운 것을 접하고 사회적으로 더 이어진다(비인간적인 이상한 사이버 방식으로)고 느끼며 또 다른 보상 호르몬을 얻는다."라고 했다. 일반적으로, 중독이 동기를 부여하는 상황이라면 이는 대체로 좋은 징조가 아니다.

다른 사이버 통신 수단뿐 아니라 소셜 미디어 사이트가 의미 있는 교류에 특별히 도움이 되지 않는다는 사실은 세상이 깜짝 놀랄 만한 소식은 아니다. 하지만 소셜 미디어에서 이뤄지는 담론의 양이 줄어들 기미 없이 기하급수적으로 늘어나고 있기 때문에 이러한 현상은 반복된다. 물론 독설과 분노가 페이스북과 트위터, 인스타그램에만 국한된 것은 아니다. 「뉴욕타임스」 기사에서 유튜브 영상에 이르기까지 온라인상에 답글을 쓰는 스레드가 있는 곳이라면, 논쟁은 늘 거의 저급한 인신공격과 비난으로 번지며 격화된다.

온라인 대화의 가장 큰 문제점은 사람과 사람 사이의 직접적 접촉이 없다는 점이라고 생각한다. 온라인에 글을 올려 사람과 교류하려는 것은 마치 어두운 방에서 그림을 그리려고 하거나 발목까지 오는 장화를 신고 왈츠를 추려는 것과 같다. 몇 년 전 UC버클리와 시카고 대학교 연구진들은 300명의 피실험인들을 대상으로 전쟁과 낙태와 같이 쟁점이 되는 주제에 관한 논쟁을 읽거나 영상을 보거나 듣도록 했다. 그 후 피실험인들에게 그들이 동의하지 않는 의견에 대해 어떻게 생각하는지 물었다. 결과가 어땠는지 아는가? 화자의 의견을 글로만 읽은 사람들은 영상을 보거나 들은 사람들보다 화자를 무지하다거나 냉혹하다고 판단하는 경향이 있었다. 이 실험을 통해 내가 가장 중요하다고 느낀 것은 어떠한 의견의 전후사정을 설명하는 데 도움이 되는 비언어적 신호가 없는 상황에서 글이라는 것은 잘못 해석되기 십상이라는 것이다. 그래서 가장 순수한 글들이 온라인상에서 오해를 사고 분노의 댓글이나 트윗 세례를 받는 것이다.

얼굴을 마주할 때만 논쟁을 벌인다면 분열은 훨씬 덜할 것이다. 하지만 사람들은 트위터나 페이스북에서 싸움을 멈추지 않을 것이다. 소셜 미디어 사이트 자체가 개선되기를

바랄 수도 있겠지만—실제로 많은 사람들이 이를 위한 조치를
취하고 있다—최상의 방책은 사용자인 우리가 보다 더 현명
해져야 한다.

상처받지 않는 대화의 기술, 가상갑옷 착용법

우리는 하루하루 소셜 미디어 전문가가 되어간다. 하지
만 점점 파괴적으로 변해가는 소셜 미디어를 변화시키기 위
해 아직 뱃머리를 돌릴 수 있다고 생각한다. 더 많은 사람들
이 이러한 사이트가 미치는 영향을 인식하게 되면서 정부나
시장체계에 의해 개선 작업이 이루어지고 그에 따라 건강한
온라인 사이트들이 생겨날 거라고 생각한다. 이미 체인지어
뷰닷컴(ChangeAView.com)과 같은 몇몇 사이트들이 등장해
혐오발언과 가짜 계정을 막자는 분위기를 조성하고 있다.
하지만 우리 역시 지금 사용하는 사이트의 더 나은, 더 현명
한 소비자가 되어야 한다.

페이스북과 트위터를 접속할 때 우리가 그 공간을 이용
해야지, 그 사이트들이 우리를 이용하게 해서는 안 된다.
(이미 우리의 모든 개인 정보를 수집해 빅데이터 회사에 팔아넘
겼을 뿐 아니라 그 이상의 것을 하고 있다.) 잘만 활용하면 소

셜 미디어는 전 세계 뉴스를 얻을 수 있는 멋진 공간일 뿐 아니라 새로운 견해와 의견을 접할 수 있는 곳이다. 하지만 온라인상에서 '어울릴' 때에는 우연히 접하는 것들에 본능적으로 반응하지 않겠다고 결심하고 감정적으로 중심을 잘 잡아야 한다. 누구인지 신분도 확인하지 않은 채 아무나 추종해서는 안 된다. 종종 가짜 계정과 심각한 선동가들이 쉽게 눈에 띈다. 그리고 나중에 후회할 만한 논쟁에 말려들지 말자. 사이트 피드에 단순히 유도되지 말고 과거에 유익하거나 재미있다고 생각했던 계정을 찾아보자. 매번 우리의 부정적 감정 버튼을 누르는 사람이 있다면 차단해 버리거나 숨겨버리자. (상대방이 모르게 숨길 수 있다.)

솔직히 부끄럽지만 나는 가끔씩 글쓰기나 다른 일에 집중하다가 무언가 확인할 일이 생기거나 특정한 어떤 것에 댓글 달 일이 있어 아주 잠깐 소셜 미디어에 접속해야 할 일이 생기면, 피드를 보지 않기 위해 얼굴과 피드가 뜨는 화면 사이에 손을 가져다 댄다. 이렇게 하면 관련 없는 것들을 보지 않아도 될뿐더러 관심을 딴 데 빼앗기지 않고 내가 가고 싶은 곳으로 빠르게 이동할 수 있다. (이런 내 모습을 본다면 마치 내가 악령을 물리치기라도 하는 줄 알 것이다. 아니 어쩌면 정말 그럴지도!)

다른 의견을 무시하라는 게 아니다. 오히려 지금보다 훨씬 더 다양한 관점에 우리를 노출시킬 필요가 있다. 내가 말하고자 하는 바는 온라인상에서 소극적이기보다 적극적으로 행동하자는 것이다. 어떻게 하면 원하는 때에 원하는 것을 적극적으로 찾을 수 있는지 생각해 보자. 그리고 소셜 미디어가 우리를 통제하지 못하게 하자. 재미있어 보여서 혹은 그냥 넘어갈 수 없어서 논쟁을 시작하지는 말자. 격한 논쟁의 글을 올리는 사람들은 대부분 마음을 바꿀 리가 없고 그렇다고 그들을 설득할 수도 없다. 더군다나 그들의 게시글에 답글을 달면 그들이 새 글을 쓸 때마다 우리의 피드 상단에 등장할 가능성만 높일 뿐이다. 가상의 갑옷을 입는다는 말은 우리가 어디에 있는지 주의를 기울이고 게시글이 낯선 사람의 글이건 아는 사람의 글이건 글을 보고 화를 내지 않을 준비를 하라는 것이다. 우리는 낯설고 광활한 가상 지대로 들어가고 있다. 그곳에는 동지도 있지만 괴물도 있다. 그러니 신중하게 발을 디뎌야 한다.

물론 여러분은 온라인상에서 벌어지는 토론에 참여할 의사가 전혀 없는 수백만 중 한 사람일 수도 있다. 문제는 싸움이란 게 우발적으로 일어날 수 있다는 것이다. 실제로 종종 그렇기도 하다. 예를 들어, 여러분이 주말 동안 한 일을 올리기 시작한다고 해 보자. 여자 친구와 함께 한 근사한 저녁에 대해 언급하며 송아지 고기를 먹었다고 말하는 바람에 지구 온실가스에 일조했다고 비난하는 누군가에게 어느새 변명을 하고 있을지도 모를 일이다.

온라인에 글을 올릴 때 주의할 점 7가지

온라인상에서 담론을 즐기는 사람들이 지켜야 할 몇 가지 규칙을 제안하고 싶다. 국가의 지도자들이 소셜 미디어에서 나쁜 본보기가 되는 마당에 서로를 존엄과 존중으로 대하기란 어려운 일이지만, 우리가 기본적인 예의를 지키지 않는다면 사회는 결국 붕괴되고 말 것이다. 그래서 온라인에 글을 게시할 때 명심해야 할 7가지 규칙을 소개하려고 한다.

동기가 무엇인지 생각해 보자

의견을 올리기에 앞서 스스로에게 물어보자. 나는 이 글을 왜 올리려고 하는가? 이 글이 어떤 식으로든 다른 사람들에게 도움이 되는가, 아니면 단지 내 자만심 때문은 아닌가? 내가 대화에 새로운 무언가를 제공하고 있는가? 새로운 내용 없이 그저 다른 사람을 지지하기 위해 글을 올리는 거라면 적어도 긍정적이거나 도움이 되는 글인가? 그저 논란만 가중시키는 글은 아닌가?

예의를 지키자

불친절하거나 경멸스러운 태도를 보이지 말자. 심지어 혐오발언에도, 분노의 불길에 기름을 붓거나 공개적으로 망신을 주는 일에 관여하지 말자. 욕설 혹은 모욕적인 말이나 행동 같은 인신공격은 절대 안 된다. 큰 관심을 받을 수 있기 때문에 이 같은 행동을 하고 싶은 유혹도 클 수 있다. 하지만 비열한 방식의 대화는 결국 생산적이지 못하고 남에게 상처를 주는 만큼 자신에게도 해가 된다. 다른 사람을 대할 때에는 최대한 예의를 지켜 친절하게 대하도록 하자. 의견을 비판해야지, 사람을 비난해서는 안 되는 법이다. 내가 트윗받고 싶은 대로 상대방에게 트윗해야 한다. 이 황금률을 기억하자.

회색 입장을 취하자

절대주의자가 되는 일은 피하자. 흑백논리에 사로잡힌 견해는 공유하지도 게시하지도 말자. 물론 몇몇 문제의 경우는 어렵다는 것을 인정한다. 비닐봉지는 분명 환경을 해친다. 이는 모두가 동의하는 문제다. 내 말은 지나치게 극단적인 글은 올리지 말자는 것이다.

게시글이 무엇에 관한 것인지 어디로 가고 있는지 인지하자

내가 올리는 글이 무엇인지도 모른 채 글을 올리거나 리트윗하지 말자. (글을 공유하거나 리트윗할 때에는 항상 읽어보고 출처를 확인하자.) 관객이 누구인지, 누가 이 글을 읽을 것인지 클릭하기 전에 먼저 생각해 보자.

글자체에 주의하자

대문자를 사용해 글을 쓰고 싶다면, 제발 참자! 소리치는 것은 아무런 도움이 되지 않는다. (기뻐서 외치는 것이 아니라면) 감탄부호도 마찬가지다. 대개 하나나 두 개 정도면 충분하다. 가끔씩 한 단어 정도는 대문자로 표기해도 좋다. 하지만 딱 거기까지다.

사실 여부를 확인하자

출처를 확인하자. 분별 있는 사용자가 되자. 2018년 MIT가 실시한 한 연구에 따르면 트위터에서 리트윗 확률이 거짓 뉴스가 정확한 뉴스보다 70%나 더 높다고 한다. 그러니 그저 '맞는 소리라고 생각했는데 이제야 그들이 입증했군. 공유할 시간!'이라고 생각하지 말자.

소셜 미디어에 보내는 시간을 제한하자

음주나 설탕 섭취를 예의주시하듯 우리 자신을 위해 제한선을 두자. 인생의 목표가 무엇인지 생각해 보자. 인생은 짧다. 하루에 얼마나 많은 시간을 타이핑과 화면 스크롤에 보낼 셈인가?

열 시간 동안 열까지 세자

'열까지 세기'는 부모님이나 선생님이 가르쳐 준 가장 좋은 충고가 아닐까 싶다. 화를 내기 전에 열까지 세다보면 주위 담을 수 없는 말을 하지 않게 된다. 하지만 우리가 인터넷에 접속해 있을 때 느끼는 분노나 스트레스, 충동조절 부족을 생각하면, 그 정도로는 충분하지 않은 것 같다. 그래서 열 시간 동안 세자고 말하고 싶다.

열 시간 동안 세자는 말은 하룻밤을 자면서 생각해 보라는 말이다. 하지만 이제 와 생각해 보니 소셜 미디어에서는 불가능한 일일지도 모른다. 왜냐하면 다들 실시간으로 펼쳐지는 대화에서 멀어지면 소외당할까 봐 두려워하는 포모FOMO 증후군을 앓고 있기 때문이다. 그래도 할 수 있는 일이다. 특히 화가 난 상황에서 이메일과 문자를 보낼 때 필요한 일이다. 이메일이나 문자 때문에 불필요한 싸움이 빈번하게 발생하고 우리는 늘 그 이야기를 듣는다.

누군가 내게 말했다. "내 친구가 그런 메일을 보내다니 믿을 수가 없어요. 저는 그 친구에게 바로 답장을 보내 선을 넘은 것 같다고 말했어요. 저도 할 말이 많지만 그 친구가 워낙 뻔뻔해서……." 물론 상대방도 짜증이 나 더 심한 이메일을 보냈다. 그리고 며칠 뒤 두 사람은 문제를 해결했다. 우리는 매 순간 느끼는 감정을 모두 표현해야 한다고 생각한다. 한편으론 휴대기기들 덕분에 감정 표현이 더 쉬워진 탓도 있다. 만약 이메일을 쓰기 전에 하루 정도, 아니 한 시간 정도 기다렸다면 한 주가 더 수월했을 테고 둘의 우정에 불필요한 흠집은 나지 않았을 것이다.

소셜 미디어에서만 자제심을 보여야 하는 것은 아니다. 일대일로 메시지를 보낼 때에도 싸움은 빠르게 번질 수 있다. 화가 나면 휴대기기를 내려놓자. 잊어버리기 전에 바로 답장을 보내고 싶다면, 그래, 보관함이나 메모장 같은 앱에 다음 날까지 기록해 두자. 아니, 그보다 다음 날 전화를 걸어 직접 대화를 나누는 것이 더 좋은 방법이다. 요즘에는 즐겨 쓰지 않지만 사람의 목소리는 아름다우면서도 강력한 의사소통 도구이다.

사실, 우리의 삶에서 이메일이 빠르게 사라지고 그 자리를 문자 메시지와 디엠^{DM}이 완전히 대체했다. 문자 메시지는 이메일보다 빠르기 때문에 훨씬 더 위험하다. 사람들은 생각과 동시에 교류를 한다. 대개 마음속에 채 문장을 완성하기도 전에 빠르게 반응하고 종종 메시지가 전달되기도 전에 반응이 돌아온다. 마치 말하는 것처럼. 하지만 실제 말을 하는 게 아니라는 것을 기억하자. 단서가 될 만한 표정도, 이해하는 데 도움이 될 만한 목소리도 없다. 상대방이 휴대폰이 되지 않는 나라로 떠나는 비행기에 오르지 않는 이상 조금 속도를 늦추고 생각을 한 다음 메시지를 입력하도록 하자.

트롤이 나타났다

어떤 사람들은 '트롤'이라는 인터넷 용어가 원래 스칸디나비아 동화에 등장하는 사람을 괴롭히는 못생긴 난쟁이를 가리키는 말이라고 생각하고, 또 어떤 사람들은 보트 위에서 미끼가 걸린 낚싯대를 천천히 끌어당긴다는 낚시 용어인 '낚시질'에서 왔다고 믿는다. 수많은 트롤들이 책임져야 하는 잘못의 정도를 생각하면 두 어원 모두 합당하지 않다고 생각한다. 트롤은 주제에서 벗어나 주의를 흩어놓고 화나게 할 심산으로 선동적이거나 모욕적인 글을 게시해 싸움을 조장하거나 대화를 방해하는 온라인 사용자들이다. 트롤은 특정인을 겨냥해 악의적인 트윗과 댓글을 퍼부어 사이버폭력을 무자비하게 휘두르기도 한다.

어떤 트롤들은 그저 온라인에서 지나치게 많은 시간을 보내는 불행한 사람들이고, 또 어떤 트롤들은 악의적인 의도를 가지고 있다. 트롤은 대수롭지 않은 것에서부터 누군가의 인생을 파괴할 수 있는 것까지 다양하다. 물론 어떤 트롤은 '사람'이 아니라 적대감을 조장해 우리를 서로 갈라놓으려는 다른 나라의 정부 기관이기도 하다.

트롤에게 먹잇감을 주지 마시오

경우에 따라서, 특히 사이버 폭력을 목격했을 때 사이트 관리자에게 트롤을 신고해 도움을 줄 수도 있다. 하지만 대부분의 경우 가장 좋은 방법은 관여하지 않는 것이다. 불쾌하고 모욕적인 댓글이나 트윗에는 반응하지 않는 것이 좋다. 차단하겠다고 말해서 트롤들을 조금이라도 흐뭇하게 해서는 안 된다. 마치 그들이 존재하지 않는 것처럼 그냥 무시하는 것이 상책이다.

대부분의 온라인 토론 사이트에는 "트롤에게 먹잇감을 주지 마시오."라는 경고 글이 게시되어 있다. 요즘엔 야비하고 악랄한 사람들과는 아예 상종하지 않는 것이 가장 현명하다는 것을 알고 있지만 때로는 그게 쉬운 일이 아니다. 트롤들은 주로 처음부터 모욕적인 말을 퍼붓는 게 아니라 대화가 진행될수록 무례하게 변한다. (종종 최악의 트롤은 우리로 하여금 스레드상에서 다른 사람들과 예의 갖춘 대화를 이어 가지 못하게 만든다.) 이러한 트롤들의 행동을 보면 바로 무시하는 게 좋다. 무시하고 무시하고 또 무시하자. 그들의 도파민이 분출되게 하지 말자. 차단하고 숨기고 삭제하고 신고하자. 할 수 있는 건 모두 해 보자. 절대로 그들과 엮이지 말자.

우리는 사라 실버맨이 아니다.

가장 아름답게 트롤을 죽이는 방법

사라 실버맨은 〈새터데이 나이트 라이브[SNL]〉 출연과 코미디 센트럴에서 방영된 에미상을 수상한 쇼를 진행하는 잘 알려진 스탠드업 코미디언이자 배우이다. 2017년에서 2019년 사이 그녀는 훌루에서 방영된 〈사랑해요, 아메리카〉라는 심야쇼를 진행했다. 그녀는 매우 솔직하며 그녀가 진행하는 쇼는 논란의 여지가 있거나 금기시되는 주제를 종종 다루었다.

2017년 12월, 실버맨이 트위터 트롤을 대처한 이야기가

입소문을 탔다. 그녀가 자신의 트위터에 정치적 글을 올리자 한 남자가 매우 저속한 욕설을 달았다. 이에 대한 실버맨의 반응은 특이했다. 우리처럼 상처를 받거나 화를 내거나 단순히 무시하는 대신 남자의 피드를 살펴보며 과거 트윗을 확인했고, 남자의 삶과 환경에 대한 정보를 얻었다. 그러곤 이렇게 트윗했다.

"당신을 믿어요. 당신의 타임라인을 읽고 당신이 무슨 일을 하는지 알게 되었고, 당신의 분노가 얇은 베일에 가려졌지만 고통에서 비롯되었음을 알게 되었어요. 하지만 그거 알아요? 나는 그 감정을 알고 있어요. 추신: 이런 젠장, 나도 똑같네요. 당신이 사랑을 선택하면 어떻게 되는지 보세요. 당신에게서 나는 사랑이 보여요."

두 사람은 온라인 대화를 시작했고 남자는 그녀에게 마음을 열고 어린 시절에 겪은 학대와 현재 처한 재정적인 어려움, 등의 통증까지 세세하게 털어놓았다. 결국 남자는 그녀에게 사과했고 그녀는 1200만 팔로워 중 몇몇의 도움을 받아 남자가 등치료를 받을 수 있게 도와주었다. 실버맨은 친절을 베풀어 근본적으로 트롤을 죽였다. 그녀는 증오에 찬 발언에 연민을 느꼈고 공통점을 발견했다. 그녀는 댓글을 쓴 사람이 자신의 동료라는 사실을 결코 잊지 않았다. 다음 날, 남자는 이렇게 트윗했다.

"세상에. 마침내 내가 필요로 했던 도움을 받게 되어 기쁨의 눈물로 가슴이 벅차오릅니다. 사라 실버맨은 정말 천사입니다. 이런 일이 일어나다니, 저는 정말 놀라울 따름입니다. 이 일을 당연하다고 생각하지 않겠습니다."

이 이야기가 알려지자 실버맨은 이런 말을 담아 트윗을 올렸다. "내가 다른 사람과 다르다는 칭찬을 받다니 조금 당황스럽네요. 말 그대로 다들 할 수 있는 일입니다." 물론 그녀의 말이 맞다. 모두가 그녀처럼 한다면 놀라운 세상이 되지 않을까?

사라 실버맨, 그녀는 나의 트위터 영웅이다.

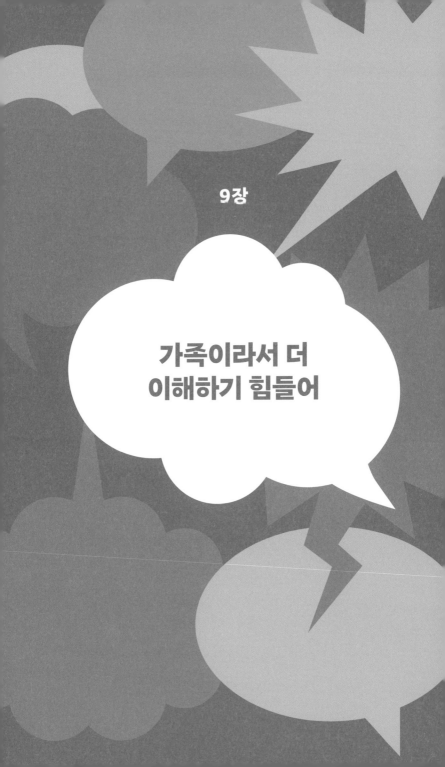

9장

가족이라서 더
이해하기 힘들어

세상을 바꾸고 싶다면 집에 가서
당신의 가족을 사랑하라.

– 마더 테레사

가족 간의 만남이 버거운 데에는 많은 이유가 있다. 논쟁적 요인이 없어도 가족의 방문은 종종 스트레스를 준다. 이미 논쟁거리는 많다. "저녁 식사 중에 축구경기를 틀어놔야 해?" "누가 오븐을 껐어?" "그동안 내 딸이 견과류 알레르기가 있다는 걸 몰랐단 말이야?" 가족은 가장 큰 행복을 안겨주는 동시에 가장 큰 문젯거리를 제공한다. 과거의 갈등을 포함해 지나간 일들이 모든 대화에 영향을 미친다. 과거의 수많은 일들, 어린 시절의 수많은 상처들이 수면 아래에서 곪고 있다. 알게 모르게 우리는 상황이 예전과 같아서 아쉬워하거나 과거와 달라졌기를 바랄지도 모른다. 가족의 특별한 역학관계 혹은 권력 구조는 언제나 논쟁거리다.

우리는 종종 가족들이 우리가 생각하는 것만큼 우리를

생각해 주지 않아 크게 상심하곤 한다. 함께 자라온 형제자매가 사물을 보는 방식이 너무도 달라 혼란스러울 때도 있다. 그럴 땐 근간이 흔들린다는 생각이 들고 때로는 배신감 비슷하게 느껴지기도 한다. (시댁이나 처가의 경우, 그런 문제가 생기면 부부관계에 부담을 줄 수도 있다.) 가족 중 누군가가 우리에게 완전히 잘못 생각하고 있다고, 혹은 착각하고 있다고, 심지어 부도덕하다고 말하면 지인에게서 그런 말을 듣는 것보다 훨씬 기분이 나쁘다. 그것은 마치 시체도둑이 나타나 가족의 알맹이는 훔쳐가고 껍데기만 남겨놓은 격이다.

뉴욕대학교 심리학과 부교수인 제이 반 바벨Jay Van Bavel 박사는 집단 정체성과 도덕적 가치관, 정치적 신념과 같은 집단적 관심사가 인간의 정신과 뇌를 어떻게 형성하는지에 관해 연구를 실시했다. "가족은 함께 살아왔고 앞으로 수십 년을 함께 살아야 하는 사람들입니다. 따라서 가족구성원과 의견이 일치하지 않으면 위험 부담이 훨씬 더 크지요." 그가 내게 말했다.

특히 정치적으로 '우리와 그들'이라는 생각이 점점 커지며 가족의 정체성을 훼손하는 것 같다. 하지만 우리는 왜 어떻게든 정치적 '무리'를 고수하려 애쓰는 것일까? "정치적 정체성은 우리에게 소속감과 지위, 도덕성을 부여하며 많은 중요한 동기를 충족시켜주기 때문입니다. 그래서 정치적 정체성을 지키는 것이 중요하지요." 바벨 박사가 말했다. "불행하게도, 이러한 동기들이 종종 진실을 찾거나 다른 사람들과 잘 지내려는 마음보다 더 강력합니다. 우리는 형제나 동료, 미국인과 같은 정체성보다 정당과 더 많이 동일시하기 시작했습니다."

친척 방문 시 한 가지 간단한 해결책이 있다. 그들이 반대편이라는 것을 알고 있다면 문제에 대해 이야기하지 않는 것이다. 하지만 아무리 결심을 해도 문을 열고 들어가면 늘 결심대로 되는 것은 아니다. 다들 잘 알고 있듯이 어떤 대화든 논쟁거리로 이어질 수 있기 때문이다. 더군다나 중요한 화제들을 피한다고 문제가 해결되지는 않는다. 매일 아침, 같이 식사를 하며 신문을 보는데 어떤 기사가 났는지 어떻게 언급하지 않을 수 있단 말인가? 서로가 아무런 이야기도 하지 않으면 시간이 지날수록 분열은 더욱더 견고해질 뿐이다.

이 같은 일이 추수감사절에만 해당되는 것은 아니다. 추수감사절이라고 해봤자 일 년 중 하루에 불과하다. 입장이 반대인 친척들을 대하는 데 있어 어려움은 지리적으로 정서적으로 얼마나 가까운 친척인가에 따라 결혼식과 장례식, 졸업식, 생일, 가족모임, 여름휴가를 비롯해 여러 유형의 많은 모임에서 발생한다. 그렇다면 논쟁적 이야기를 금기시하는 것만이 유일한 해결책일까? 다시 말해, 가장 가까운 친척들과 올해 칠면조 다리는 누가 먹었는지, 아이들이 얼마나 컸는지, 뒷마당이 얼마나 멋진지, 그런 이야기만 하고 그보다 더 중요한 이야기는 하지 않는 것만이 해결책일까?

우리는 이미 가족에 대해 잘 알고 있고 지뢰가 대부분 어디에 있는지도 알고 있다. 가족의 경우, 친구나 지인에게 사용하는 것과 같은 전략을 사용할 수는 없다. 이 책의 후반부에 소개된 몇몇 기술들은 가족모임에 적용할 수도 있지만 적용할 수 없는 것들이 대부분이다. 아래 소개할 몇 가지 방법은 다른 장에서 소개한 기술들을 수정한 것들이다. 가족과의 대화야말로 어려운 일이기 때문에 전략이 필요하다.

가족 간의 대화라도 준비가 필요하다

가족관계와 생각이 반대라는 이중고를 안고 있는 상황에서 우리의 마음가짐이 무엇보다 중요하다. 방문에 앞서 마음의 준비를 해야 한다. 대부분의 사람들이 필요로 하는 치료가 무엇이라고 생각하는가? 당연히 가족 모임에서 살아남기 아니겠는가!

사랑하는 마음과 열린 마음, 긍정적인 마음을 잃지 않

는 것이 이 기술의 목적이다.

제로에서 시작하자

가족 간에 기본적인 대화의 함정이 어디에 있는지만 제외하고 과거에 나눴던 대회는 잊으려고 노력하자. 다시 말해, 지난번 나눈 대화 때문에 삼촌을 한 방 먹여야겠다는 생각에 논쟁의 여지도 없는 화젯거리를 들고 저녁 식사에 가지 말자. 함께 나눌 대화에 색을 입히기 전에는 삼촌과 언쟁을 벌이지 말자. 물론 매우 어렵다는 거 안다. 때로는 공격으로 받은 상처와 두려움이 떠나지 않아 똑같이 해주고 싶거나 재도전하게 된다. 그런 마음 때문에 실제로 싸움이 일어나는 것이다.

제로에서부터 시작하는 것이 핵심이다. 지나간 논쟁은 잊어버리자. 지난여름 언니나 동생이 어떤 문제에 대해 정도를 벗어났다고 해서 이제 와서 그 문제에 대해 싸움을 건다거나 다른 문제에 대한 그녀들의 현재 생각을 추측해서도 안 된다. '타자화' 트렌드의 많은 문제 중 하나는 모든 사람, 모든 사물을 두 개의 간단한 상자에 넣고 한꺼번에 묶어버린다는 것이다. 나는 환경보호가 핵심문제라고 주장하는 공화당 지지자를 알고, 총기소지와 군사비 증액을 지지하는 민주당 지지자도 알고, 스마트폰을 멀리하는 밀레니얼 세대들과 10초라도 스마트폰이 없으면 히스테리를 일으키는 베이비붐 세대들도 안다.

대화에서 무슨 일이 벌어질지 미리 단정 짓지 말자. 그것은 예측할 수 없는 일이다. 지난번에 대화 중간에 갑자기 소리쳤던 형이 자신이 한 말에 대해, 적어도 소리친 것에 대해 후회할 수도 있는 일이다.

알코올 소비를 억제하자

다들 경험을 통해 알 거라 생각한다. 가족들이 모인 집에 도착하면 평소보다 많이 마셔야겠다는 생각이 가장 먼저 들지도 모른다. 알코올은 당연히 긴장을 덜어주고 기분을 좋게 해주어 화날 만한 일도 그냥 무시하고 넘어가게 해준다고 생각한다. 가능한 한 느긋하게 있는 것이 더 좋은 거 아닐까? 스트레스 지수를 낮추는 게 더 나은 거 아닐까? 어쨌든 긴 여행을 한 우리에게 독한 술이 안성맞춤일 것이다.

문제는 알코올 섭취가 인내심과 충동조절 능력을 떨어뜨린다는 데 있다. 그래서 사촌이 갑자기 무례한 발언을 할 때 속으로 생각하기('이 사람이 싫어. 저런 생각도 정말 싫어. 사람들은 다른 견해를 가질 수 있지. 그래, 성질내지 말자. 괜찮아…….')보다 알딸딸하게 취해 바로 큰소리로 떠들어대게 된다. "정말 정신 나간 소리군. 그런 헛소리를 정말 믿는 거야?"

갑작스러운 공격에 대비하자

앞에서 말했듯, 요즘엔 다들 반대 입장에 선 친척들과 논쟁적 대화를 나눌 생각이 없다. 하지만 사고는 일어나기 마련이고 폭발은 전혀 그럴 것 같지 않고 상관도 없는 대화에서 발생한다.

몇 년 전 크리스마스 때, 우리 가족은 내가 좋아하는 캐럴 가운데 하나를 부르고 있었다. 그 노래는 〈12일간의 크리스마스〉를 불손하게 패러디한 곡으로 "크리스마스 다음 날 낡은 고무장갑을 끼고 멧비둘기 한 쌍의 목을 아주 부드럽게 감싸 쥐었다."라는 가사가 등장한다. 전에도 이 노래를 불렀고 가족들은 내 노래가 서툴고 과장스럽다고 놀려대곤 했지만 늘 즐거워했다. (어쨌든, 그게 내 스타일이고 나는 그 스타일을 고수하고 있다.)

하지만 나도 모르게 고모가 있으면 그 노래를 부르지 않았다. 고모는 열렬한 동물권리 보호론자였다. (사실, 고모는 돌아가시고 나서 거의 전 재산을 미국동물애호협회에 기증했다.) 이 노래가 고모를 그렇게까지 불쾌하게 할 줄은 몰랐다. 동물 보호 문제는 고모에게 매우 중요한 문제라서 이 노래를 부르자 나를 냉정하다고 생각했고 몇 구절 만에 화를 내며 노래를 중단시켰다. 그러곤 불편한 2~3분이 이어졌다. 나는 노래와 동물 권리는 아무런 상관이 없으며 그저 유치한 패러디일 뿐이라며 고모를 설득시키려 했다. (이 노래를 부르는 동안 그 어떤 동물도 해를 입지 않았다!) 하지만 그 노래가 고모에게는 티핑포인트였던 것이다. 고모는 오랫동안 채식주의자로 살아왔지만—60년대 초반부터 시작해 누구보다 먼저 채식주의자가 되었다—수년간 우리가 고기를 먹는 것을 지켜보면서도 아무 말도 하지 않았다. 이 사건은 육식에 대한 열띤 논쟁을 일으켰다. 노래가 화근이었던 것이다.

정신을 바짝 차려야 한다. 그렇다고 휴일에 저녁을 먹으며 긴장하라는 말은 아니다. 다만 논쟁이 어떻게 시작될지 모르니 언제든 대처할 준비가 되어 있어야 한다는 말이다. 하지만 대화가 예상치 못한 방향으로 흘러가, 돌아가신 고모에게 이런 표현을 해서 미안하지만, 언제 갑자기 곤경에 처하게 될지 모르는 일이다.

마음속으로 자기방어 연습을 하자

본질적으로 나 자신이야 사랑/희망 상태에 있을지 분노/두려움 상태에 있을지 통제할 수 있지만, 다른 사람이 무슨 말을 할지는 통제할 수 없다. 달라이 라마에서 오프라 윈프리에 이르기까지 다들 말하길, 가족이 하는 말에 부정적 감정을 보이는 것은 스스로 가진 두려움과 문제의 연장선이라고 한다.

모두에게 필요하지만 실제로 받기는 어려운 수년간의 치료 말고도, 자신을 보호하는 데 도움이 될 만한 간단한 정신적 혹은 심리적 방법들이 있다. 몇몇 전문가들은 자신을 보호하는 수단으로 자신 주변에 새하얀 고치나 두껍고 하얀 담요가 있다고 상상하라고 권한다. 나도 치료사를 찾은 적이 있는데 그는 내게 논쟁이 벌어질 만한 대인관계를 맺어야 할 때면 여러 방법 중에서도 빨간 양말을 신고 가라고 했다. 그 양말이 나를 눌러줄 거라는 것이다. 믿을지 모르겠지만, 그 방법은 효과가 있었다. 왜 그랬을까? 어쩌면 내가 그럴 거라 믿었기 때문일 수도 있고, 아니면 더 믿을 만하게는 빨간 양말이 내가 중심을 잡을 수 있도록 해주었기 때문일 수도 있다. 빨간 양말은 내게 멋지게, 친절하게, 현명하게 행동하도록 노력하라고 상기시켜주었다.

사랑한다면 미안하다고 말하지 말자

많은 사람들이 '잘못된' 생각을 가진 사람에게 이의를 제기하지 않으면 그 생각을 계속 유지하는 데 일조하는 거라고 믿는다. 상황을 그대로 내버려 두면 아무것도 달라지지 않는다. 어떤 상황에서는 이것이 사실일 수 있다. 하지만 추수감사절 저녁 식사 자리는 아니다. 가족을 만나는 자리에서 우리의 목표는 다르다.

가족관계에 있어 장기적 목표가 무엇일지 생각해 보자. 우리가 나누는 모든 대화는 평생 동안 친밀감을 형성하는 하나의 구성 요소다. 꼭 논쟁거리에 대해 말해야 한다는 규칙이 있는 것도 아니다. 그래도 많은 사람들이 가족과 논쟁거리에 대해 이야기하지 않기로 한 결정은 잘한 일이다. 다들 전에 겪어봐서 어떤 일이 일어날지 정확히 알고 있다. 같은 일을 반복하며 다른 결과를 기대하는 것은 미친 짓이나 다름없다. 가족 관계에 있어서도 마찬가지다. 아무리 공통점을 찾았더라도 말이다.

논쟁적 이야기를 하지 않고도 그저 표면적인 것만 말하지 않고 의미 있는 교류를 하려면 어떤 방법이 가장 좋을까? 그리고 어떻게 해야 일이 터지는 것을 막을 수 있을까?

긍정적인 기억을 나누자

이 방법은 상대방을 세 살이라고 상상하자고 했던 4장의 기술과 다소 비슷하다. 우리는 대부분 가족에 대해 멋진 기억, 소중한 기억을 가지고 있다. 그런 기억들 가운데 몇 가지를 떠올려 보자. 여행을 떠날 때 양말과 속옷을 챙기듯 모임에 그 기억들을 챙겨 가자. 자동차, 비행기, 기차 안에서 친척들과 함께 했던 기억들을 떠올리자. 즐거웠던 추억, 사랑했던 추억들을 기억해 내자.

가족과 저녁 식사를 하는 중에 대화가 잘못된 방향으로 흐르는 것 같다면 빨리 긍정적 기억들 가운데 하나를 꺼내자. 만약 우리 집에서 모였다면 옛 비디오를 틀거나 즐거운 휴가를 보내며 찍은 어린 시절 사진을 같이 보자고 하자. 이러한 것들이 우리가 바라는 사랑이 넘치는 분위기 유지에 도움이 될 것이다.

추억은 전에도 여러 번 같이 보고 이야기했던, 모두가 기억하는 아주 소소하고 즐거운 순간이기 때문에 어렴풋이 다가오는 폭풍우를 즉각적으로 잠재우는 데 효과적이다. 가족들은 대체로 모두를 웃게 만드는, 심지어 웃다가 눈물까지 흘리게 만드는 우스꽝스럽고 터무니없는 순간에 관한 기억을 가지고 있다.

가령, 음악가였던 내 아버지는 멍하니 정신을 딴 데 팔며 주변에서 무슨 일이 일어나는지 전혀 모르는 척하는 것으로 유명했다. 우리는 이런 아버지를 애정 어린 말투로 놀려대곤 했다. ("오, 아버지는 음악의 세계에 계시네."라고 말하곤 했다.) 여러 해 전 어느 여름날 저녁, 테라스에서 모여 함께 저녁을 먹던 우리는 아버지가 손에 든 스푼을 가만히 바라보는 모습을 포착했다. 다른 사람들은 서로 이야기를 나누며 음식을 돌리고 있었다. 물론 아버지는 실제로 스푼을 보고 있던 것이 아니라 음악의 나라에 가 있었던 것이다. 우리는 스푼을 뚫어져라 보고 있는 아버지를 쳐다봤다. 마치 아버지가 무슨 생각을 하는지 알아내려는 듯.

나는 몸을 앞으로 숙여 아버지의 손을 만지며 마치 어린아이에게 말하는 법을 가르치는 것처럼 짐짓 과장된 말투로 "스-으-으-푸-운!"이라고 말했다. 그러자 아버지는 몹시 당황해 하며 스푼을 낚아챘고, 우리는 그렇게 5분간 한참 웃었다. 물론 이것은 매우 유치한 일화다. 하지만 식사자리에서 긴장이 감돌 때마다 누군가 "스-으-으-푸-운"이라는 말만 꺼내도 그때를 기억하는 사람들은 웃음을 터트리게 된다. 많은 가족들이 이 같은 추억의 순간을 함께 나누고 있다.

추억이나 가족끼리 하는 농담을 떠올리는 대신 간질이겠다고 하거나 물을 살짝 튀기거나 어린 시절 우리가 했던 바보 같은 행동들을 끄집어낼 수도 있다. 과거에 즐거웠던 가벼운 추억거리라면 그 어떤 것도 좋다. 물론 가족마다 다르고 사람마다 다르긴 하겠지만.

신념을 논하기보다 도움이나 조언을 요청하자

저녁 식사를 하며 이사할 새 아파트에 대해 조카와 즐겁게 이야기 중이었다고 해 보자. 그런데 갑자기 시아버지가 끼어들어 "네가 결국 그 망할 놈의 진보주의자들로 가득한 도시로 이사를 했구나 너도 이제 진보주의자가 될 셈이냐?"라고 소리를 친다고 해 보자.

이때 미끼를 물 필요가 없다. 대신 재빨리 조언을 구하는 태도를 취하면 좋다. 이렇게 물어보면 어떨까? "네, 다음 주에 이사할 예정이에요. 그런데 피아노를 어떻게 옮겨야 하는지 아세요? 이삿짐센터에서 안 해준다지 뭐예요." 혹은 "치과를 새로 알아봐야 하는데 치과를 정할 때 좋은 방법 같은 거 없을까요? 아직 아는 사람도 없고, 그렇다고 온라인으로 찾아보고 싶진 않거든요."

동생의 남편에게 새 컴퓨터 구입방법에 대해 물어볼 수도 있고 어머니에게 레시피를 물어볼 수도 있고 아버지에게 정원 가꾸기에 대해 물어볼 수도 있다. 누군가 자신을 필요로 한다고 느낀다면 다들 좋아한다.

애완동물은 마법의 부적이다

나는 애완동물이 사회생활에 미치는 영향에 대해 좋은 이야기를 많이 들었다. 동물은 분위기가 고조될 때 분위기를 전환하거나 부드럽게 하는 데 엄청나게 큰 도움이 된다. 이와 관련해 기억에 남을 만한 사건 가운데 하나가 내 친구가 참석한 대가족 성탄절 만찬자리에서 일어났다. 친구 말로는 집주인의 여동생(그녀를 '여동생'이라고 부르자)과 집주인의 아내('집주인 여사'라고 하자) 사이에 말다툼이 벌어지기 시작했다. 식탁에 있던 누군가가 성탄절이 수요일이면 여행 계획을 세우거나 시간을 알아보는 데 어려움이 있다고 말했다.

그러자 가족 간에 싸움을 부추기기를 좋아하는 여동생이 유대인과 이슬람 명절은 안 그런데 왜 성탄절만 공휴일이어야 하는지 모르겠다며 불만을 토로했다.

그러자 집주인 여사가 쏘아붙였다. "맙소사, 유대인과 이슬람 명절은 하루가 아니야. 일주일이나 한 달 동안 온 나라가 문을 닫을 순 없지. 게다가 미국인 대다수가 기독교인이고. 성탄절을 놓고 벌이는 좌익들의 공격은 참을 수가 없다니까."

이때 누군가 끼어들었다. "교회와 국가를 분리해서 생각해야 하지 않을까요? 종교 휴일이 왜 공휴일이 되어야 하죠?" 그러자 식탁에 있던 절반이 소리쳤다.

한바탕 소란스러운 가운데 가족이 키우는 늙은 퍼그 한 마리가 웬 소란인가 싶어 목청껏 짖으며 계단을 내려왔다.

모두들 개를 쳐다보았다. 개는 계단 끝에 이르러 발을 헛디디더니 몇 발자국 못가 발라당 넘어지고 말았다. 개가 무사해 보이자 다들 빵 터졌고 싸움은 그걸로 마무리되었다.

이런 완벽한 타이밍을 기대할 순 없지만, 애완동물은 정말 마법의 시팡이나 비밀 무기 같은 존재다. 추수감사절 만찬에 애완동물이 있다면 게임에 있어 한 발 앞선 것이나 다름없다. 문제가 발생할 조짐이 보이면 이렇게 말할 수 있다. "우리 고양이 스푸키는 어디 갔을까?" "이봐, 우리 귀염둥이 강아지는 어디 있지?" "도대체 저 정신 나간 자식은 뭐 하는 거야?" 개를 찾아보거나 개를 칭찬하거나 개의 건강 상태를 물어봐도 좋다. 아니면 개에게 재주를 부리게 해도 좋다. 상황이 정말 좋지 않다면 개를 데리고 산책을 나가자.

위험 부담을 낮추는 일대일 대화법

가족과 어떤 문제에 대해 의미 있는 대화를 나누고 싶다면 모두가 보고 듣는 저녁 식사 자리는 피하는 것이 좋다. 논쟁적 담론에 열정이 넘치는 친척과 이야기할 때는, 또한 이 친척이(혹은 우리가) 증명해야 할 무언가가 있거나 이기고 지는 가족 내 지위 문제가 걸린 경우에는 여럿이 있을 때

보다 일대일로 대화를 나누는 것이 더 좋다. 종종 장작을 가지러 간다거나 가게가 문 닫기 전 팔고 남은 떨이를 사러 간다거나 하면서 그 사람을 데리고 나가 두 사람만의 조용한 시간을 가질 수 있다면, 다른 사람들의 경계를 늦출 수 있다. 둘만 있다면 당면한 일에 대해 유대감을 느끼거나 어쩌면 둘 사이에 있었던 특별한 일들을 추억할 수도 있다. 내 경우, 중요한 문제에 대해 나눈 대화 중 가장 좋았고 가장 인상 깊었던 대화는 아버지와 단둘이 낚시를 하러 갔을 때였다.

활동을 함께 하다 보면 관계의 '쿠션'같은 것을 만들게 되고 가족과 생산적인 순간을 보내게 된다. 때로는 이것이 놀라운 돌파구로 이어져 두 사람 가운데 어느 한 사람, 아니면 두 사람 모두 상대방 말에 진심으로 귀를 기울이게 되고 "네가 무슨 말을 하는지 알겠어, 네가 왜 그렇게 생각하는지 정말 이해가 가."라고 말하게 된다. 이것은 굴복이 아니다. 그리고 이것은 "네가 옳고 나는 틀렸다"가 아니다. 상대방에게 어떤 영향을 미치든 간에 상대방의 마음 상태를 받아들이는 것이다. 그러고 나면 우리의 생각을 더 잘 설명할 수 있을 것이다.

무리에서 분리하는 것은 위험 부담을 낮추는 좋은 방법이다.

대화를 결심한 순간 반드시 버려야 할 태도

과감하게 이야기하기로 마음먹었다면, 물론 여러분은 나보다 더 용감하겠지만, 도움이 될 만한 몇 가지 지침을 소개하려고 한다.

기억해야 할 한 가지! 절대 누군가의 마음을 얻거나 바꾸는 데 집중해서는 안 된다. 대신, 서로가 상대방이 왜 그런 믿음을 가지게 되었는지 충분히 이해할 수 있는 대화를 목표로 해야 한다.

이것은 매우 어려울 수 있지만, 상대방이 틀렸다고 입증하겠다는 마음은 반드시 버려야 한다. 옳은 것을 선호하는지 아니면 흥미로운 대화를 선호하는지 스스로에게 물어보자. 옳고 그름의 판단을 포기한다면 여러 이슈에 대해 열심히 갈고닦은 통찰력을 느끼게 될뿐더러 상대방의 입장도 받아들이게 된다. 또한 상대방에게 딱 잘라 틀렸다고 말하지 못한다면 우리도 틀렸을 수 있다는 것이다. 우리가 유엔 UN도 아닐뿐더러 분노는 승리전략이 아님을 기억해야 한다. 분노가 하는 일이라곤 상대방의 화를 돋울 뿐이다. 우리가 반응하면 상대방도 반응할 테고, 또다시 우리는 더 강하게 반응하게 되고, 그러면 상대방 역시 더 강하게 반응할 것이다. 우리가 할 수 있는 효과적인 유일한 방법은 서로에게 귀를 기울이는 것이다. 물론 말처럼 쉬운 일은 아니다. 하지만 "남이 행복하기를 바란다면 자비를 베풀라. 자신이 행복하기를 바란다면 자비를 베풀라."라는 달라이 라마의 말을 기억하자.

우리는 성인군자가 아니다. 물론 화가 난다고 분노를 다 쏟아내도 된다는 말은 아니다. 하지만 침대로 달려가 베개 밑에서 소리를 질러대는 것처럼 다른 방식으로 분노를 표출하는 것이 더 나을 때도 있다.

나부터 실천하자

다른 사람이 행동하기를 바라는 대로 내가 먼저 행동하는 것은 정말 효과적이다. 진부하지만 사실이다. 한번 해 보자. 만약 우리가 용기를 내어 더 친절하게 더 정중하게 행동을 변화시킬 수 있다면, 그 용기가 다른 사람들로 하여금 우리를 따라하게 만들 것이다. 당장은 아니고 시간이 걸릴지도 모른다. 이 책을 쓰기 위해 사람들을 인터뷰하면서 "어떻게 너는 그런 인간에게 투표할 수 있니? 너는 우리 식구가 아니다!"라고 했다는 아버지, "내 동생이라면 그렇게 멍청하고 야비할 수가 없어."라고 했다는 언니에 이르기까지 형편없는 이야기를 많이 들었다. 그런 공격적인 말에 사랑이나 존중으로 대응하는 것은 거의 불가능해 보이지만, 그래도 한

번 해 보자. 솔직히 그것만이 에너지의 흐름을 바꿀 수 있다.

우리에게 주어진 임무는 공격을 받아들이는 것이다. 누가 무엇을 하든, 심지어 상대방이 예의를 지키지 않더라도 우리는 예의를 표해야 한다. 우리가 지켜야 할 기본원칙을 살펴보자.

- 공격하지 말고 소통하자.
- 수없이 많은 추수감사절을 함께 보내며 다른 사람들의 생각을 이미 알고 있다고 하더라도 그들의 생각에 관심을 갖자.
- 절대 경멸을 드러내지 말자. 다른 사람들을 대할 때와는 달리 예의 차리는 게 익숙지 않은 가족들에게는 어려울 수 있다. 마음에 들지 않는 친척에게도 무엇이든 생각해내서 감사를 표하자. 가령, 침대를 정리해 줘서, 불을 피워줘서, 디저트를 만들어줘서, 헤어스타일을 칭찬해 줘서 고맙다고 하자.
- 감사하자. 감사에는 강력한 힘이 있다. 감사는 상황을 바꾸어 놓는다.
- 용서하자. 용서하는 법을 배우는 것은 무술을 배우는 것과 같다. 발전하고 강해지려면 연습이 필요하다. 가족 간에 용서는 행복한 미래에 반드시 필요하다. 그리고 용서는 지혜의 필수요소이다.

우리만의 '행동신호'

가족을 생각하는 애정 어린 마음으로 행동신호를 정하자. 행동신호는 모임에 참석한 사람들이 단어를 정하고, 그 단어가 들리면 무슨 일이 있어도 대화를 중단하기로 모두 동의하는 것이다. 행동신호는 바나나 스플릿, 하모니카, 해파리, 스니커두들*처럼 재미있거나 우스꽝스러운 것이어야 한다. 이 같은 행동신호는 "이 이야긴 이제 그만하자."라고 말로 하는 것보다 부정적 감정을 떨쳐내고 정신 차리게 하는 데 효과적이다.

어떤 회사는 안전한 사무실 분위기 조성을 위해 행동신호를 체계적으로 정해놓고 사용한다. 내가 아는 어떤 사람은 적절한 언어와 부적절한 언어의 가이드라인을 정하기 위해 세미나를 여는 회사에서 일한다. 세미나 사회자는 직원들에게 대화가 의심의 여지가 있거나 불편하다면 정도에 따라 '초록불'(괜찮으니 계속해라), '노란불'(그다지 편하지 않은 주제다), '빨간불'(이 문제에 대해 말하고 싶지 않다)이라는 단어를 사용하게 한다.

재미있는 것은 세미나가 끝난 후 직원들이 이 암호를 다

---

* 스니커두들(snickerdoodle)은 버터, 설탕, 밀가루, 계핏가루로 만든 미국인들이 먹는 서민적인 쿠키를 말한다.

소 아이러니한 방식으로 사용한다는 것이다. 점심을 먹다가 무심코 누군가 정보가 정확하지 않은 이야기를 시작한다면 아무나 "노란불, 노란불!"이라고 소리친다. 그러면 다들 어이없는 언어 경보 시스템에 한바탕 웃고 다시 대화를 이어 간다. 하지만 보통은 좀 더 신중하게 진행된다. 공식적으로 정해진 이 재미있는 암호는 경고 신호뿐 아니라 긴장 해제 장치로도 작용한다. 이 정지 신호가 '스니커두들'과 같이 우스꽝스러운 말보다 가족 성향에 더 잘 어울린다면 한번 써보자.

추수감사절 만찬에 참석할 때에는 선택권이 딱 두 가지뿐이다. 논쟁거리를 아예 피하든가 아니면 예의를 갖춘 친절한 태도로 대화에 임하는 것. 부처는 자애를 베푸는 것이 두려움의 해결책이라고 가르쳤으며, 공자는 화가 치밀어 오를 때는 그 결과를 생각하라고 경고했고, 간디는 상대방과 부딪힐 때마다 사랑으로 극복하라고 말했다. 어느 하나 틀린 말이 없다.

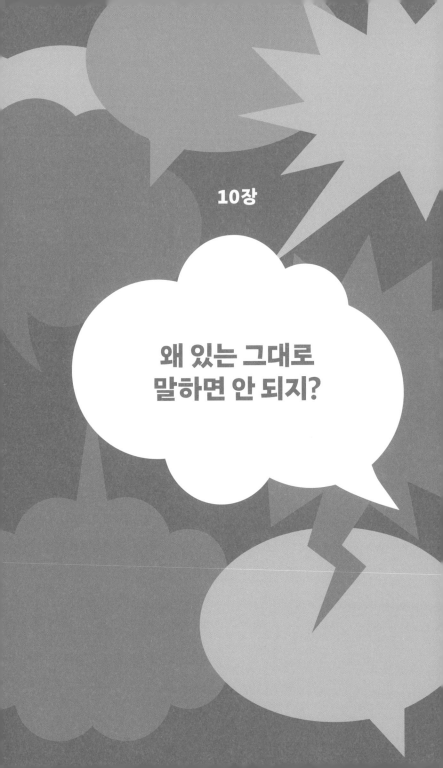

10장

왜 있는 그대로
말하면 안 되지?

불쾌하지 않게 반대하는 법을 배웠다면,
그것이 사업상 관계든 가족 관계든 아니면 인생 그 자체든
잘 지내는 비결을 찾은 것이다.

– 버나드 멜처

처음 보는 사람과의 잠깐 동안의 만남이든, 일상 속에서 만나는 사람과의 지속적인 만남이든, 우리는 친구나 지인, 동료나 친척이 아닌 무수한 사람들을 만나고 그들과 대화를 나눈다. 우버 택시 기사와도 대화를 나누고 가게에서 함께 줄을 서 있다가도 대화를 나눈다. 우편배달부나 계산대 직원과도 아침 수다를 떨고 카페나 술집, 기차에서 옆자리 사람과도 대화를 나눈다.

10장에서는 공공장소에서 처음 보는 사람을 대할 때와 살면서 자주 만나게 되는 사람들을 대할 때 필요한 팁을 소개하려고 한다. 이런 사람들과 나누는 대화는 짧다. 하지만 삶의 질을 생각했을 때 지엽적인 만남이 긍정적 경험이 된다면 금상첨화일 것이다. 그뿐만 아니라 이 장에서는 실제

로 불편한 사람들, 가령 좋지 않게 헤어진 전 여자 친구나 남자 친구, 혹은 지난번 공동체 모임에서 싸웠던 사람을 사회적 모임에서 만났을 때 어떻게 해야 할지 같이 이야기해 보려고 한다.

마지막으로, 이 책 전반에 걸쳐 무슨 수를 써서라도 싸움은 피하라고 충고해왔지만, 적을 상대하기로 결심하고 전쟁에 돌입해야 하는 때가 있다. 어처구니없고 선동적인 것을 가만히 두고 보지 못하고 직접 나서서 맞서는 사람을 위해 바람직한 방법과 그렇지 못한 방법을 소개하려 한다.

먼저, 공공장소에서 적들을 어떻게 상대해야 할지 이야기해 보자.

공공장소에서 논쟁이 벌어졌을 때

집을 나서 낯선 사람들을 만나야 할 때면 그때마다 논쟁적 대화를 할 수밖에 없는 경우가 존재한다. 토크쇼와 소셜미디어에 분노하고 공중에 떠도는 '우리 대 그들'이라는 분위기에 취해 대다수가 싸울 준비가 돼 있다. 참을성이 바닥을 치고 있다. 각종 모임도 충분히 어렵지만 보호받지 못하는 곳에 생판 모르는 사람들과 있을 때에는 정말 함부로 말하게 된다. 공공장소에서 문제가 발생하면 해결하기가 매우 어렵다.

한 친구가 최근 네다섯 명의 친구와 공원을 산책하다가 겪은 황당한 일에 대해 들려주었다. 그녀는 그날 오후 친구의 룸메이트이자 처음 만난 티나라는 여자와 수다를 떨며 가던 중에 우연히 벤치에 앉아 전자담배를 피우고 있는 십 대 남자아이들 옆을 지나게 되었다.

친구가 한창 말을 하고 있는데 갑자기 티나가 그 십 대들에게 소리를 질렀다. "전자담배를 피우면 안 돼! 공공장소인 공원에서 법에 어긋나는 행위야. 너희들 체포해야겠구나!" 엄밀히 말해 전자담배도 담배이므로 공공장소인 공원에서 피우면 안 된다. 하지만 친구는 밖인 데다 십 대들이 간접흡연으로 누군가에게 해를 끼친 것도 아니라고 생각했다. (전자담배는 증기가 간접적으로 방출되기 때문에 뭐라 말하기가 참 미묘한 문제다.)

티나의 갑작스러운 폭발에 친구는 여타 사람들처럼 반응했다. 먼저 상황을 무시한 채 하던 대화를 계속 이어갔다. 하지만 티나는 십 대들에게 꽂혀서 담배를 피우지 말라고 계속 소리쳤다. 그러자 십 대들은 화가 나 티나에게 대들었다. 친구는 당황한 데다 상황이 심각해질까 봐 살짝 두려워져 재빨리 앞서가고 있던 다른 친구들 무리에 합류했다.

티나는 계속해서 십 대들에게 설교를 늘어놓았고, 십 대들은 더 크게 소리치기 시작했다. 결국, '전자담배를 피우던 녀석들'은 친구가 있던 쪽으로 달아났다. 하지만 티나와 친구, 나머지 일행은 또다시 그들을 지나쳐야 했다. 그러자 티나가 또다시 소리쳤다. "잘 들어. 너희들은 체포될 거야. 전자담배는 너희들에게 좋지 않아." 티나는 포기하지 않았다. 마침내 십 대들과 친구 무리는 더 이상 대립하지 않게 멀리 떨어졌고, 친구는 내게 그날의 외출이 엉망이 되었다고 말했다.

만약 티나의 반응처럼 정도가 지나친 반응을 방관하는 사람이라면, 무엇보다 주어진 상황에 깊이 들어가 티나의 입장을 헤아려보아야 한다. 우리에게는 우리의 버튼을 누르게 만드는 것, 다시 말해 개인적으로 두려워하는 것들이 있다.

예를 들어, 나는 종종 델라웨어 비치를 방문하곤 하는데 그때마다 갈매기들에게 감자튀김을 주는 사람들을 보면 몹시 화가 난다. 첫째, 감자튀김은 새들에게 좋지 않다. 둘째, 해변으로 가는 계단 바로 옆 보드워크에 서있는 커다란 표지판에 쓰여 있듯이 그 행위는 불법이다. 무엇보다 사람이 많은 해변에서 먹이를 주면 갈매기들이 미친 듯이 달려들어 먹이각축전을 벌이고 그 근처에 있다간 난폭하게 몰려드는 수백 마리의 새들에게 머리에 똥을 맞는다. 그럼에도 불구하고, 많은 사람들은 아장아장 걸어 다니는 아이들이 새에게 먹이를 주는 모습이 사랑스럽다고 생각한다.

우리 가족은 내가 이 행위를 특히 싫어한다는 걸 알고 있어서 갈매기에게 먹이를 주는 사람을 볼 때마다 '또 난리가 나겠구나.' 생각하며 초조하게 나를 바라본다. 그러다 내가 일어서면 누군가는 "아, 또 시작이다."라고 말하고, 나머지 가족들은 창피해하며 수건으로 얼굴을 가리거나 일어나서 수영을 하러 간다.

내가 이 행위를 싫어하는 정도는 전자담배를 피우던 십대들에게 반감을 보였던 티나만큼은 아니라고 생각한다. (우리 가족들은 동의하지 않을지 몰라도.) 확실히 짜증은 나지만 나는 늘 예의 바르게 행동하려고 노력한다. 내 스스로 갈매기 문제에 얼마나 화가 나는지 잘 알고 있기에 다른 사람들을 도발하는 문제에서 대해서 더 관대해지려고 노력한다.

그렇다면 이 같은 상황에서 어떻게 반응하는 것이 좋을까? 나와 티나, 그리고 여러분들이 해야 할 일은 먼저 침착하게 상대방에게 규칙을 알려주는 것이다. 그리고 상대방의 말을 한 번은 믿어주자. 규칙을 몰랐을 수도 있고 다른 사람들에게 어떤 피해를 주는지 미처 생각해 보지 않았을 수도 있다. 사실, 대부분 거기까지는 생각하지 못한다. 우리가 편견 없이 정중하게 말한다면 다들 수긍할 것이다. 이렇게 말해 보는 건 어떨까? "방해해서 죄송합니다만, 바닷가에서 갈매기에게 먹이를 주면 안 되는데/공원에서 전자담배를 피우면 안 되는데 알고 계세요?"

물론 이 두 가지 예는 비교적 사소한 예다. 술집이나 비행기처럼 밀폐된 공간에 있거나 논쟁의 주제가 보다 격정적이고 미디어에 의해 이미 극도로 양분화된 경우라면 상황은 훨씬 더 통제 불능 상태가 될 수 있다. 다들 성질을 부리다 비행기나 식당, 경기장에서 쫓겨나는 사람들을 보거나 그런 이야기를 읽은 적이 있을 것이다. 술집이나 식당 옆자리에 있던 사람이 친구와 나의 대화를 엿듣고 그들의 의견을 말하는 경우(곧 그들은 열변을 토하곤 한다)를 종종 겪는다. 처음은 매우 예의 바르게 시작하지만 점점 날을 세우게 된다. 친구와 내가 침입자를 피하기 위해 주의하지 않으면 상황은 더 불편해질뿐더러 우리가 나누려 했던 사적인 대화까지 방해받는다. 요즘 사람들은 논쟁적 대화에 귀를 쫑긋 세우고 걸핏하면 싸우자고 덤벼드는 경향이 있다.

이 같은 몰지각한 행동이 한동안 발생했다. P.M. 포르니P.M. Forni는 2009년 발간한 그의 저서 『예의에 대한 해결책: 무례한 사람 대처법The Civility Solution: What to Do When People Are Rude』에서 이렇게 말했다. "가치관이 변했다. 자존심을 세우고 자기표현을 하는 것이 대세다. 밖으로 표현하지 않고 자제하면 나

중에 짜증이 밀려온다. 하지만 자제하지 않으면 불가피하게 남에게 피해를 주고 결국엔 큰 대가를 치르게 된다." 휴일을 맞아 사무실 사람들과 나누는 파티나 추수감사절 저녁 식사자리에서만 논쟁을 맞닥뜨리는 것이 아니다. 논쟁은 어디에나 존재한다. 상대 '팀'에 있는 사람을 대할 때면 으레 경계하기 마련이다. 그러다 보니 상대방을 존중하고 예의를 갖추는 것이 무척이나 중요하다. "무례와 폭력은 한편이다. 무례함의 정도를 낮추면 폭력의 정도도 감소한다."라고 포르니가 말했다.

밖에서 논쟁을 좋아할 것 같은 사람을 만나면 그 사람을 상대해야 할지 말지 고민해 보아야 한다. 공공장소에 있을 때 어느 누가 논쟁적 싸움이나 혹은 시비를 걸어오거든 눈치껏 무시하거나 피하는 것이 상책이다.

물론 곤경에 처한 사람을 마주치는 경우에는 일이 더 복잡해진다. 6장에서 중재에 관해 이야기했지만, 공공장소에서 시끄럽게 논쟁을 벌이는 사람들을 목격한다면 싸움이 신체적 폭력으로 치닫지 않는 한 무시하라고 하고 싶다. 아니면 싸움에 직접 개입하지 말고 해당기관에 신고하는 게 좋다. 키가 180센티미터가 넘거나 호신술을 배웠으면 모를까 (911에 신고할 시간이 없을 때에), 절대 이유 없이 실랑이에 끼어들지 말자.

물론 대부분의 경우 문제에 부딪히지 않을 것이다. 나는 언제 어디서든 낯선 사람들과 이야기하는 것을 좋아한다. 대체로 다들 재미있을 뿐만 아니라 상대방을 존중하고 예의를 지킨다. 하지만 요즘 들어선 도화선이 다소 짧아졌다고 생각한다. 또한 이슈의 확대가 언제나 위험요인이라는 점을 기억해야 한다. 처음 만나는 사람들과 어울리는 일은 신나고 보람찬 일이지만, 우리와 관련 없는 추악한 싸움의 소지가 될 만한 일은 피하고 무엇이 됐건 불난 집에 부채질하는 일은 삼가도록 노력하자.

크게 관계없는 사람들과 어울릴 때

이웃이건, 고객이건, 발관리사건, 헤어스타일리스트건, 정비공이건, 우편배달원이건 그 누구와 대화를 나누다 언제 어색한 상황에 처할지 모르는 일이다. 우리는 수많은 사람들을 정기적으로 만난다. 이런 지엽적인 사회관계가 일상생활의 질을 크게 높일 수 있다. 다양한 관계를 맺고 사는 세상에 지엽적인 관계는 관계의 사이드메뉴라고 생각한다. 하지만 이 사람들이 어떤 배경과 이데올로기를 지니고 있는지 알지 못한다.

서비스를 제공하는 사람이라면

나는 경비원이 있는 건물에 살고 있다. 그리고 몇몇 경비원들에게 어떻게 하면 열띤 논쟁을 피할 수 있는지에 대해 이야기해왔다. 그들이 입주민들과 나누는 대화는 대체로 짧고 사소한 문제에 관한 것이라고 생각했기 때문에 논쟁을 피하는 일이 꽤 쉬울 거라고 생각했었다. "아닙니다. 정말 정말 어렵습니다." 한 경비원이 내게 털어놓았다. "우리는 매우 조심해야 합니다. 많은 세입자들이 대통령이나 뉴스에 대해 이야기하고 싶어 하죠. 그럴 때마다 줄타기를 해야 합니다."

삶에 있어서 대다수의 지엽적인 관계는 거래를 통해 이뤄진다. 다시 말해, 누군가는 생계를 위해 사람들에게 서비스를 제공한다. 서비스를 제공하는 사람은 생계가 달려 있기 때문에 평정심을 유지해야 한다. 서비스를 제공하는 입장의 경우, 별 문제가 없을 거라고 확신하지 않는 한 논쟁에서 멀리 떨어져 있어야 한다. 만약 고객과 오랜 시간 관계를 이어왔다면 언제가 안전한지 알게 될 것이다. 그렇다고 하더라도 조심해야 한다.

내가 인터뷰했던 한 사람이 한번은 처음 가보는 이비인후과에 갔다고 한다. 의사는 경멸적인 어조로 의료와 관계없는 정치적인 이야기를 했다. 환자가 의사의 말에 동의하고 말고는 중요하지 않다. 여기서 핵심은 의사라면 여러 해 동안 환자를 알고 지내왔고 환자가 자신과 같은 생각이라고 확신하지 않는 한 어떠한 견해도 내놓지 않는 것이 최선이다.

무척이나 신중한 내 헤어스타일리스트였다면 조심해야 하는 문제에 대해 내게 말도 꺼내지 않았을 것이다. 그는 스스로 잘 절제할 줄 알았다. 시작이 좋다 하더라도 대화가 생각지도 못한 문제에 부딪힐 수 있고, 그럴 경우 손님을 잃게 된다는 사실을 그는 잘 알고 있었다.

소비자거나 손님이라면

반대 입장의 경우, 다시 말해 손님이거나 고객, 환자인 경우도 마찬가지로 조심해야 한다. 이러한 유형에는 가게주인, 배달원, 프런트나 체육관에서 일하는 사람과의 관계가 포함된다. 그들은 한두 번 대화를 나누는 사람일 수도 있고 늘 봐야 하는 동네사람일 수도 있다. 이 같은 경우는 지나치다 싶을 정도로 어떠한 입장도 보이지 말아야 하는 몇 안 되는 경우에 해당된다. 누가 '적'인지 알지도 못할뿐더러 알고 싶지도 않을 것이다. 하지만 이들은 일상생활에서 멀리할 수가 없다. 원한다면 '친구인지 적인지 아니면 극성꾼인지' 테스트(3장 참조)를 해 보고 신중하게 진행하면 되지만, 무엇보다 상대방이 정말 우리와 같은 입장인지 확인하는 것이 가장 안전하다. 그리고 앞서 말했듯이 상대방의 신념에 대해 한두 가지 안다고 해서 다른 것도 안다고 생각하면 오산이다.

이웃이라면

이웃 또한 매우 까다로울 수 있다. 여기서 이웃은 친구 같은 그런 이웃들을 말하는 게 아니다. 친구와 지인은 다른 장에서 다루었다. 많은 사람들이 이웃과 어울리는 일을 경계하는 데에는 이유가 있다. 이웃은 우리의 삶에서 떼려야 뗄 수가 없다. 이웃을 앞으로 볼지 아닐지는 생각할 문제가 아니다. 거의 틀림없이 자주 마주치게 된다. 이웃과 친구가 되면 천천히 신중하게 다가가야 하는데, 그 이유는 만약 일이 잘못되더라도 "뭐, 저 사람 다신 안 보면 되지." 가 안 되기 때문이다. 이웃과의 관계에는 빠져나갈 구멍이 전혀 없다.

가까이 사는 사람들과는 이미 지역적으로 어느 정도 연결되어 있다고 느끼기 때문에 논쟁적 대화를 나누고 싶어진다. 사실, 같은 지역에 사는 사람들끼리는 비슷한 이야기를 나누는 경우가 많다. 하지만 결코 알 수 없는 일이다. 이웃과의 관계는 돈독하게 유지해야 한다. 홧김에 욱해서 엘리베이터나 혹은 놀이터를 떠난다면 지니를 다시 병 속에 돌려놓을 수가 없다. 이웃과 논쟁적 문제에 대해 불쾌한 대화를 나누고 난 뒤, 그 이웃과 엘리베이터를 같이 타지 않으려고 공동현관을 어슬렁거리거나 신문을 가지러 나갈 때 그들이 마당에 나와 있지는 않나 창문을 빼꼼 내다보고 싶지는 않을 것이다. 집은 우리에게 성과 같다. 그 성이 여우굴이 되는 것을 그 누구도 원치 않는다.

위에서 언급한 '크게 관계없는' 경우에 모두 해당되겠지만 이웃과의 관계에 있어 내가 줄 수 있는 충고는—뻔하고 가식적으로 들리겠지만—강경한 의견 따위 없는 척하는 것이 좋다. 아예 의견이 없는 척하는 것도 괜찮다. 만약 이웃이 우리를 불편하게 만드는 생각을 드러내기 시작한다면, 가능한 한 웃으며 최대한 빨리 그리고 공손하게 대화를 끝내도록 하자.

'적들'을 마주할 때

사회라는 전쟁터에서 이데올로기가 다른 사람만이 우리의 평정심을 위협하는 것은 아니다. 다른 유형의 '적들'이 존재한다. 모임에서 우리의 계정을 훔친 동료나 우리를 해

고한 상사, 아니면 5년간 줄곧 점심초대를 거절해온 사람을 만날 수도 있다. 사업상 중요한 두 사람과 대화를 나누는데 지난주 구애에 퇴짜를 놓았던 여자가 뜬금없이 합류할 수도 있다. 과거에 우리를 모욕했거나 친구에게 정말 못되게 굴었던 사람이 별안간 뷔페 옆자리에 앉을 수도 있다. 아니면 과거 큰 무례를 저지른 사람을 뜻밖에 만나 예의를 갖춰 대화하기가 불가능한 경우도 있다. 그들의 존재만으로도 우리는 재빨리 도망치고 싶어진다. "어제 매표소에서 자기 앞에 끼어들었다고 우리에게 한바탕 욕을 퍼붓던 사람 기억나? 그런데 알고 보니 그 사람이 모임의 귀한 손님이지 뭐야. 어색해!!!"

한번은 릴리라는 여성을 인터뷰했는데 그녀는 파티를 영원히 끊어버리고 싶게 만든, 이데올로기와 관련 없는 '적을 만났던' 경험을 털어놓았다. 릴리는 만난 지 얼마 안 되는 제니퍼라는 친구의 생일파티에 초대받았다. 그녀는 아는 사람이 없을 거라고 생각했고 제니퍼와 우정을 쌓고 싶었다. 결국 관계를 맺으려던 그녀의 용기는 엉망이 되었고, 그녀는 자리를 떠야 했다. 그날 뒷마당에서 열린 바비큐 파티에 대략 50여 명이 모여 있었다. 20여 분쯤 지나 릴리는 두세 명에게 자신을 소개했고 한껏 분위기에 취했다. 그때 제니퍼가 키가 큰 여자를 그녀에게 데려왔다. "내 친구 세실리

스미스를 소개할게. 세실리의 아들 브라이언이 너네 아들이랑 같은 학교에 다닐걸." 그 말을 듣자 릴리의 심장이 멎는 듯했다. 브라이언 스미스는 아들의 숙적이었다. 그는 릴리의 아들을 괴롭혔었다. 당시 브라이언의 부모와 대화를 해 보려 온갖 시도를 해 보았지만 번번이 실패하고 말았다. 단 한 번 전화통화가 전부였다. 그때 그녀는 릴리의 아들이 거짓말을 하고 있으며 브라이언은 아무도 괴롭힌 적이 없고, 솔직히 문제아는 릴리의 아들이라고 딱 잘라 말했다. 그랬던 그녀가 지금 릴리 앞에 화이트 와인이 담긴 잔을 들고 서 있었다. 두 엄마는 아주 딱딱한 인사를 나누었고, 릴리는 최대한 서둘러 자리를 떴다. 안타깝게도, 파티장을 떠나면서 릴리는 다른 사람들과 사귈 수 있는 기회까지 놓치고 말았다. 그녀는 제니퍼와 가까워지면서 그 엄마와의 사이에 생긴 오해를 풀 수도 있었다.

여기서 핵심은 불현듯 이데올로기적 입장이 정반대인 사람과 대화를 나누고 있다고 깨닫든 아니면 전 남자 친구가 그를 빼앗아간 여자의 팔에 이끌려 파티장에 들어가는 것을 목격하든 같은 유형의 사회적 불안감이 우리를 옴짝달싹 못하게 한다는 것이다.

내가 이 책에서 소개한 모든 기술은 이러한 상황에 대부분 적용할 수 있다. 섣불리 추측하지 않도록 조심하고 가능한 한 공통점을 찾도록 노력하며 필요하다면 화제전환 기술과 퇴장 전략을 사용할 수 있다. 하지만 사적인 상황일수록 이념적 의견 차이가 있는 경우보다 더 위험하고 어려울 수 있다. 사적인 상황일수록 두려움과 분노도 더 깊다. 좋은 점이리면, 믿을지 모르겠지만 모임이 편하면 서로 불편했던 사람들이 예상치 못한 힐링의 기회를 얻기도 한다는 것이다. 처음에야 얼굴을 마주하는 것이 불편할 수 있지만, 이런 저런 이야기를 나누다 보면 생각했던 것보다 괜찮다고 여기게 되기도 한다. 사실, 이런 상황에서는 두 사람 사이에 존재하는 사적인 악감정보다는 논쟁적 담론이 더 요긴하다. 특히 입장이 같다면 담론에 관한 기분 좋은 대화로 두 사람 사이에 남은 악감정을 떨쳐낼 수 있다.

반면, 모든 방면으로 서로가 적이라는 게 밝혀진다면 처참한 교전지대에 들어선 것이나 다름없으니 서둘러 퇴각하는 것만이 유일한 살길이다(그러나 적을 피할 수 있다면 피하되 자리에서 떠나지는 말자).

싸울 것인가 말 것인가

이 책 전반에 걸쳐 논쟁을 피하는 것에 대해 많은 이야기를 했다. 이 책은 사회생활 지침서이므로 전달하고자 하는 기본적인 메시지는 예의를 지켜 토론하거나 그게 아니라면 논쟁은 피하자는 것이다. 지금껏 내가 이야기한 모든 것에 모순되는 말이긴 하지만 용기를 내어 말해 보자면 솔직히 우리는 특별한 시대를 살고 있다. 그래서 스스로 겁쟁이라고 느껴질까 봐, 자신에게 솔직하지 못할까 봐 그저 지나치지 못하고 부딪히는 순간들이 반드시 생기기 마련이다. 어떤 경우에는 도덕적이거나 윤리적인 의무감에 목소리를 높이고 있다고 느낄 수도 있다.

메리앤 윌리엄슨^{Marianne Williamson}은 그녀의 저서 『사랑의 정치^{A Politics of Love}』에서 다음과 같이 말했다. "지난 대선 이후 우리나라에 벌어진 일로 인해 진지한 사람들의 정치적 이탈은 더 이상 선택이 아니다. 우리는 '당신이 정치를 하지 않으면 정치가 당신을 휘두를 것이다'라는 옛 프랑스 속담의 진리를 어렵게 배웠다."

종종 문제를 놓고 싸울지 말지는 상황이 결정한다. 어떤 모임은 논쟁적으로 매우 적극적인 사람들로 구성되기도 한다. 이 경우에는 당연히 논쟁적 대화를 나눌 가능성이(의견의 불일치가 발생할 가능성도) 높다. 특히 20대라면 만나는 모든 사람들에게 자신의 생각을 전달하는 것이 숨 쉬는 일처럼 당연한 일일 것이다. 때로는 직업 특성상 우리가 어디에 있든, 사교적 모임이든 아니든, 논쟁적 문제에 대한 논의를 피할 수 없을 때도 있다.

과열된 논쟁이 자리를 망친다고 말했지만, 조화를 지나치게 중시하다보면 모임이 지루해질 수도 있다. 모임의 성공 여부는 언제나 손님들의 기질과 모임의 성격에 달려있지만 입장이 반대인 똑똑한 사람과 적당히 잘 어울린다면 누군가 공격하지 않는 이상 매우 활기찬 모임이 될 수 있다. 갈등해결 분야의 전문 조력가인 프리야 파커Priya Parker는 그녀의 생각이 잘 정리된 저서 『모임의 기술The Art of Gathering』에서 "바람직한 논쟁은 모임을 의미 있게 만든다."라고 말했다.

나는 논쟁적 대화를 나눌 때 빈정거리는 것에 반대한다고 말한 바 있다. 그런데 어느 날 저녁 동네 술집에서 정치적인 문제로 누군가 고함치는 소리를 들었다. 고함을 가만히 듣고만 있던 사람은 마침내 고개를 들어 그 사람을 쳐다보더니 조용히 말했다. "음악 소리를 키워줬으면 좋겠군. 당신 목소리가 너무 잘 들려서 말이지."

나는 그 말에 수긍이 갔다. 속이 다 시원했다. (하지만 여러분들은 이런 식으로 말하지 말았으면 한다.)

물론 남자의 그 비꼬는 말투는 토론을 유도하려는 의도가 아니었다. 그것은 '나는 이 문제에 대해 당신과 말하고 싶지 않다'는 말이다. 반대로, 어떠한 문제에 대해 실제로 논쟁을 해야겠다고 결정했다면, 자신의 입장을 일단 최선을 다해 피력하고자 한다면, 다음에 소개할 몇 가지 지침을 따르는 것이 좋다. 하지만 무엇보다 교전을 왜 하려고 하는지 주요 동기부터 살펴보아야 한다.

도발적 언어

빈번하게 발생하지 않았으면 좋겠지만 들었을 때 너무 어처구니없거나 몹시 불쾌해서, 아니면 두 가지 모두에 해당되어 화를 낼 수밖에 없는 말들이 있다. 넌더리가 나서 외면하고 마는 말들이나 직접 데려다 가르치고 싶은 말들이 이에 속한다.

야비하고 불쾌한 말을 들었을 때 흥분하지 않고 예의를 갖춰 반응하기란 극도로 어려운 일이다. 그럼에도 불구하고 그래야만 한다. 물론 그 사람을 모른 척 지나칠 수도 있다. 하지만 "나는 그 말에 전적으로 동의하지 않습니다."라고 반박하며 차분하게 이유를 설명할 수도 있다.

기본 훈련

논쟁 중에 위에서 소개한 과장된 말들은 아니더라도 이와 비슷한 뉘앙스의 말을 듣게 될 수 있다. 어쩌면 여러 이슈에 관해 누군가와 열띤 논쟁을 하고 싶을 수도 있다. 화제가 무엇이든 적과의 교전을 준비할 때에는 몇 가지 기본 원칙들을 명심해야 한다.

첫째, 대화의 목표가 상대방을 모욕하는 게 아니라 설득하려는 것임을 늘 기억해야 한다. 설득할 순 없더라도(흔한 경우지만) 적어도 새로운 정보를 제시하거나 새로운 관점이나 사고방식을 알리기 위해 시도는 해 볼 수 있다. 둘째, 열정이 지나쳐 논리적 주장을 놓치지 않도록 해야 한다. 무엇보다 주장하고자 하는 것에 대해 제대로 알고 있어야 한다. 여기서 주목해야 할 점은 최근 들어 지적 토론에 '대안적 사실'이라는 비교적 새로운 장애물이 등장했다는 것이다. 전에는 이와 같은 진실의 이분법이 존재하지 않았다. 이제는 두 사람이 현재 발생하고 있는 사건이나 이미 발생한 사건에 대한 기본적 사실에 동의할 수 없으면 해결책에 대한 논의가 거의 불가능하다. 만약 우리가 이 같은 대안적 사실 장벽에 부딪친다면 싸워보기도 전에 포기해야 할지도 모른다.

하지만 모임의 상황이 논쟁을 시작할 수밖에 없다면 10개나 15개 유형의 논리적 오류를 공부해 가는 것이 좋다. 논리적 오류는 부당한 논리로 주장을 무효화시키지만 사람들의 마음을 흔들어 놓지는 못한다. 한 가지 예로 '허수아비' 오류가 있다. 이 오류는 상대방이 우리의 입장이 아닌 것을 공격하는 것을 말한다. 예를 들어, '국방예산에 더 이상 돈을 보태고 싶지 않아서 A의원을 지지한다'가 우리의 실제 입장이라면, 상대방은 "A의원은 우리나라를 무방비상태로 두기를 원한다."라고 공격하는 것이다. 또 다른 논리적 오류의 유형으로 '흑백사고의 오류' 혹은 '양자택일의 오류'가 있다. 이는 잘못된 추론에 바탕을 둔 주장으로 '둘 중 하나'라고 주장하는 유형이다. 사실 더 많은 선택이 존재하지만 딱 두 가지 선택만을 제시하며 하나는 수용할 수 있고 다른 하나는 수용할 수 없다고 주장하는 것이다. 가령, 연방정부 예술재단 재정지원철회에 반대하는 사람이라면 둘 중 하나 "당신은 예술을 사랑하는군요." 혹은 "당신은 예술을 사랑하지 않는군요."라고 말할지도 모른다.

온라인에서 쉽게 찾아볼 수 있는 일반적인 토론 방식에는 10개에서 15개 정도가 있다. 토론 방식을 잘 알아둔다면 누군가 논쟁에서 이 같은 방식을 사용할 때 대응하기가 훨씬 쉬워진다. 게다가, 논쟁이 시작되는 것 같으면 보다 수월하게 피해갈 수도 있고 차분하게 반응할 수도 있다.

양심적 거부

대화 중에 상대방과 심하게 부딪힐 때, 다시 말해 비명을 지르고 싶을 정도로 상대방이 무언가를 옹호할 때 눈을 굴리거나 탄식을 하거나 손으로 눈을 가리지 말자. 그리고 경멸, 거들먹거림, 거만, 'ㄱ'으로 시작하는 세 가지 행동을 하지 말자. 그 대신 다음과 같이 말해 보자. 이러한 표현들을 연습해두면 모욕이나 분노가 느껴지기 시작할 때 유용하다.

"아마 그것을 보는 다른 시각도 있을 겁니다."

"당신만큼 확신이 있으면 좋겠군요."

"유감스럽지만 동의할 수 없습니다."

"당신의 전제에는 동의하지만, 저는 다른 결론을 얻었습니다."

"당신의 심정은 이해합니다. 하지만 저는 좀 다르게 생각합니다."

"반면, 누군가는 다르게 주장할 수 있습니다."

고장 난 레코드판

상대방이 처음부터 끝까지 비판만 늘어놓을 때에는 가끔씩 상대방을 지치게 만드는 방법도 있다. 요새 예전 레코드판이 다시 근사해 보인다. 고장 난 레코드판이 무엇을 의미하는지 다들 알 것이다. 축음기의 바늘이 튀듯 상대방이 지칠 때까지 똑같은 말로 반복해서 끄덕여주자.

"무슨 말씀인지 알겠습니다."

"네. 알겠습니다."

"네…… 알겠습니다."

"알겠습니다."

결국 상대방은 이야기를 멈추고 우리의 말을 듣거나 다른 화젯거리로 넘어가야 한다는 사실을 눈치챌 것이다.

피해야 할 것들

다음은 가능하다면 인간적으로 토론 중에 해서는 안 될 몇 가지 사항이다.

- 목소리를 높이지 말자. 화가 날 것 같으면 심호흡을 한두 번 하자. 상대방으로부터 5초 동안 시선을 돌려보자. 그리고 내 목소리가 크지는 않은지 확인해 보자.
- 믿음이 흔들릴 것 같을 때엔 애써 변명하거나 지나치게 포괄적으로 이야기하지 말자. "이봐, 내가 이 문제에 관해 자료란 자료는 다 읽어봤거든, 잘 들어봐……." 혹은 "자, 다른 사람들은 다 알아."와 같은 말은 하지 않는 게 좋다.
- 개인적인 문제로 접근하면 안 된다. "당신 딸이라면 어떻겠어요?"와 같은 말은 절대 해서는 안 된다.
- "세상 돌아가는 상황을 모르는군요." "틀렸어요." 혹은 "당신도

문제군요."처럼 절대 평가하듯 말해선 안 된다.

몇몇은 이런 생각을 할지도 모른다. "그들이 문제야. 왜 있는 그대로 말해선 안 되는 거지? 왜 내가 그들을 깨우쳐 주면 안 되지?" 하지만 반대 의견을 가진 상대와 어울릴 때에 절대 헤서는 안 되는 것 가운데 하나가 상대방을 공격하는 것이다. 우리가 반대하고자 하는 것은 그들이 아니라 그들의 입장이다. 어떤 문제에 대해 개인을 비난하는 순간, 물론 상대방이 공직에 있지 않다면, 토론은 끝나버리고 결국 우리는 패배한다.

위에서 소개한 말들 가운데 어느 하나라도 내뱉어야겠다는 충동을 느낄 때, 그것도 강한 충동일 때에는 비록 거짓이더라도 사려 깊고 상대방을 존중하는 태도를 보이도록 노력해야 한다. 다시 말해, 아닌 척(마치 상대방이 도덕적으로 비난받을 말이나 멍청한 말을 하지 않은 것처럼) 행동함으로써 자신을 속여 분노를 사그라뜨릴 수 있다. 이것은 입증된 사실이다. 기분이 좋은 척하면 자신도 모르게 그렇게 느껴질 수 있다. 실제로 그런 것 같을 때까지 그런 척하는 방법은 삶의 많은 부분에 도움이 되고, 특히나 분노가 이는 상황에서 유용하다. 적어도 나중에 후회할지도 모르는 말을 하기 전에 스스로 자제하고 상황을 지연시키는 방법이 될 수 있다. 심지어 상대방을 존중하고 공감하는 척하는 것만으로도 서로에게 조금씩 물들어 가게 될 것이다.

비상모드

911 테러 다음 날 밤, 가장 친한 친구 둘이 오사마 빈 라덴 암살계획에 대해 길 위에서 격렬한 논쟁을 벌였던 일이 어렴풋이 생각난다. 한 시간 후, 둘은 울면서 서로를 껴안았다.

학교에서 발생한 총기난사 사건이나 대사관 폭파사건, 혹은 허리케인처럼 엄청난 피해를 가져온 국가적 재난이나 비극이 발생한 직후 저녁이나 주말 모임에 참석하면 모두들 신경이 곤두서고 사건에 대한 견해와 이념, 신념에 대한 방어자세도 정점에 달한다.

분노는 사람들이 목숨을 잃었을 때 나오는 자연스럽고 당연한 반응이지만, 이 감정을 엉뚱한 방향으로 표출하지 않도록 조심해야 한다. 우리 앞에 있는 사람이 투표나 특정 이슈에 대한 그들의 입장으로 인해 어느 정도 책임이 있다고 생각할 순 있겠지만, 그것이 무엇이든 간에 어느 누구도 불행한 사건이 일어나길 바라진 않는다. 그렇게 몰인정한 사람은 드물다. 물론 다른 사람에 비해 보다 자기중심적인 사람도 있고 양육방식과 지리적 위치, 혹은 직업으로 인해 편협한 사람도 있고 다소 이기적인 사람도 있다. 하지만 여럿이 모인 자리에서 비난은 도움이 되지 않는다. 비난은 조직적인 시위와 지역사회, 정부를 위해 아껴두도록 하자.

논쟁적 화제에 대해 이야기하지 말라는 것을 비롯해 모든 비난이 다 그런 것은 아니다. 불행한 사건이 발생하면 우리는 일어난 일에 대해 이야기하고 또 그래야만 한다. 감정이 원초적일 때에는 그 어느 때보다 최고의 모습을 보여야 한다. 큰 재난이 발생한 직후 모임에 참석한다면, 긍정적이고 따뜻한 에너지를 발산하도록 노력하자.

만남이 두렵기도 하고 부족한 점도 있겠지만, 멋진 동료들과의 만남, 그것이 우리의 최종 목표라는 사실을 늘 잊지 말자.

이 책은 사회관계에서 살아남는 법에 관한 것이다. 미국이라는 나라를 치유하는 일은 이 책의 영역을 훨씬 넘어서는 일이다. 하지만 우리와 반대 입장에 있는 사람들과 계속 대화를 나누고 관계를 맺는 일은 우리 사회 전반에 꼭 필요하다고 생각한다.

서로 말을 하지 않는 것만이 능사가 아니다. 분리는 해답이 아니다. 자신과 다른 존재로 규정해버리는 것은 더 많은 분열을 야기하고 결국 증오를 낳는다. 나는 이 책 전반에 걸쳐 '반대편'이라는 말을 사용했다. 왜냐하면 요즘 들어 그런 감정이 우리 사회에 만연해 있기 때문이다. 하지만 이 말이 테니스 코트나 사람의 얼굴, 혹은 달을 묘사하는 데 더 자주 쓰이던 때로 돌아가기를 바란다. 만약 우리가 서로를 당나귀나 코끼리라고 부른다면, 그 바보 같은 이름표가 논쟁을 가볍게 만들 수 있을지도 모른다.

　우리가 싸워야 하는 진짜 적은 바로 무지와 가난, 질병과 부패와 오염, 그리고 무엇보다 두려움이다. 서로를 적으로 여기며 은퇴기념식이나 휴일에 가지는 모임, 기금마련 행사에서 소리를 지르며 싸우는 것은 결코 해결책이 될 수 없다. 정반대 입장을 지닌 사람과 대화를 나눌 때 존중과 친절을 담은 악수로 대화를 마무리할 수 있다면, 그것이야말로 세상을 바꾸는 작은 기적일 것이다.

　우리는 생각보다 많은 공통점을 가지고 있고, 앞으로 다가올 더불어 사는 행복한 삶에 대해 커다란 믿음을 지니고 있다. 즐겁고 지적이며 서로를 존중하는 분위기 속에서 서로 다른 의견을 나눌 수 있는 공간을 마련하고자 '저녁 식사를 합시다Make America Dinner'와 '사람들의 저녁 식사The People's Supper'와 같은 새로운 유형의 사회단체와 모임이 전 지역에 걸쳐 속속 등장하고 있다.

　의견이 다른 사람과의 대화를 반기는 것이야말로 '반대편'이라는 두려움을 극복하는 유일한 방법이다. 작가 C. 브룩스Arthur C. Brooks는 저서『당신의 적을 사랑하라』에서 다음과 같이 말했다. "미국의 체제를 바꿀 수 있는 한 가지 가장 핵심적인 방법은 덜 반대하는 것이 아니라 잘 반대하는 것이다. 다시 말해 모든 사람들을 사랑과 존중의 마음으로 대하며 진심어린 자세로 토론에 임하자는 것이다."

착한 외계인이 내려와 우리를 구해주지 않는 한—나는 늘 말도 안 되는 꿈을 꾸어왔다—우리에겐 선택의 여지가 없다. 의견이 다른 상대방을 적이라고 여기는 생각부터 떨쳐내야 한다. 적어도 서로 어울릴 수 없다는 생각을 버려야 한다.

마음이 따뜻한 나의 동료들이여, 같이 앞으로 나아가자. '적'과 어울리는 일에 두려움 따윈 없으며, 오직 희망뿐이라는 사실을 명심하자.

- Harlan Lebo, Surveying the Digital Future: The 15th Annual Study on the Impact of Digital Technology on Americans (Center for the Digital Future at USC Annenberg, 2017), 5.

- Hoang Nguyen, "Most Flat Earthers Consider Themselves Very Religious," YouGov.com (April 02, 2018).

- Holly B. Shakya and Nicholas A. Christakis, "A New, More Rigorous Study Confirms: The More You Use Facebook, the Worse You Feel," Harvard Business Review (April 10, 2017), 2–5.

- Hunt Allcott, Luca Braghieri, Sarah Eichmeyer, and Matthew Gentzkow, "The Welfare Effects of Social Media" (NBER Working Papers 25514, National Bureau of Economic Research, Inc., 2019), 5–15.

- Juliana Schroeder, Michael Kardas, and Nicholas Epley, "The Humanizing Voice: Speech Reveals, and Text Conceals, a More Thoughtful Mind in the Midst of Disagreement," Psychological Science, 28, no. 12 (2017), 1745–62.

- Kit Smith, "53 Incredible Facebook Statistics and Facts," Brandwatch.com (June 1, 2019).

- Kit Smith, "58 Incredible and Interesting Twitter Stats and Statistics," Brandwatch.com (January 3, 2019).

- "Leaders Who Can Laugh at Themselves Get a Thumbs Up," Association for Psychological Science (December 9, 2014), 1.

- Mary Lister, "33 Mind-Boggling Instagram Stats & Facts for 2018," Wordstream.com (August 26, 2019).

- Matthias R. Mehl, Simine Vazire, Shannon E. Holleran, and C. Shelby Clark, "Eavesdropping on Happiness: Well-being is Related to Having Less Small Talk and More Substantive Conversations," Psychological Science 21, no. 4 (April 1, 2010), 539–41.

- National Institute for Physiological Sciences, "Scientific Explanation to Why People Perform Better After Receiving a Compliment," Science Daily (November 9, 2012), 1–2.

- Soroush Vosoughi, Deb Roy, and Sinan Aral, "The Spread of True and False News Online," Science, 359, no. 6380 (March 9, 2018), 1146–51.

*Mingling with
the enemy*

불편한 사람과 뻔뻔하게 대화하는 법

초판 1쇄 발행 2021년 09월 15일

지은이 진 마티넷   **옮긴이** 김은영
펴낸이 김기용 김상현

편집 전수현 김승민   **디자인** 이현진
마케팅 조광환 김정아 남소현

펴낸곳 필름(Feelm) 출판사
등록번호 제2019-000086호   **등록일자** 2016년 6월 13일
주소 서울시 영등포구 양평로30길 14, 세종앤까뮤스퀘어 907호
전화 070-8810-6304   **팩스** 070-7614-8226
이메일 office@feelmgroup.com

필름출판사 '우리의 이야기는 영화다'

우리는 작가의 문체와 색을 온전하게 담아낼 수 있는 방법을 고민하며 책을 펴내고 있습니다.
스쳐가는 일상을 기록하는 당신의 시선 그리고 시선 속 삶의 풍경을 책에 상영하고 싶습니다.

홈페이지 feelmgroup.com   **인스타그램** instagram.com/feelmbook

ISBN 979-11-88469-83-3 (03190)